RÉUSSIR LE TEST **TAGE MAGE** ®
TEST D'APTITUDE AUX ÉTUDES SUPÉRIEURES DE GESTION

TAGE

MAGE®

- NOUVELLE EDITION -

D0830397

FNEGE

**Fondation Nationale
pour l'Enseignement
de la Gestion des Entreprises**

2, AVENUE HOCHE – 75008 PARIS

*FONDATION RECONNUE COMME ÉTABLISSEMENT D'UTILITÉ PUBLIQUE
PAR DÉCRET DU 15 MAI 1968*

La Fondation Nationale pour l'Enseignement de la Gestion des Entreprises (FNEGE) est un établissement reconnu d'utilité publique. Fédératrice de l'ensemble des établissements d'enseignement supérieur de gestion (Universités et Grandes Ecoles), elle contribue à la qualité de l'enseignement et au maintien des meilleurs standards internationaux.

La FNEGE a, depuis une trentaine d'années, développé des tests d'évaluation des aptitudes aux études de gestion, qui s'adressent aux étudiants francophones.

ISBN : 2-86897-002-8

SOMMAIRE

PRÉSENTATION DU TEST TAGE MAGE

Le test TAGE MAGE est un test d'aptitude. Il ne repose pas sur des connaissances spécifiques telles que l'économie, mais sur des compétences générales de nature linguistique et de raisonnement. En conséquence, il permet à des candidats de formations très variées, scientifiques ou littéraires, de tenter leur chance avec une probabilité significative de réussite.

Plus précisément, le test TAGE MAGE est une batterie de six sous-tests. Chacun est constitué de 15 questions et doit être passé impérativement dans un temps limite de 20 minutes. Le test comprend donc en tout 90 questions pour une durée totale de passation de 120 minutes. La gestion du temps est un élément essentiel de la passation qui doit être intégré dans tout entraînement à la passation d'un test.

Le test TAGE MAGE est un outil d'évaluation et de sélection aux études supérieures de gestion et de management. Il vise à évaluer des compétences dans trois domaines : Résolution de Problèmes (sous-tests 2 et 4, respectivement Calcul et Conditions Minimales), Aptitudes Verbales (sous-tests 1 et 5, respectivement Compréhension et Expression), et Raisonnement Logique (sous-tests 3 et 6, respectivement Raisonnement et Logique). Les différentes versions du test TAGE MAGE sont de niveaux de difficulté équivalents et ce, grâce à un suivi statistique approfondi. Ce dernier permet de contrôler les niveaux de difficultés des sous-tests et de chacune des questions. En conséquence, les analyses statistiques de toutes les versions du test servent à l'élaboration de toute nouvelle version.

Le test TAGE-MAGE est un Questionnaire à Choix Multiple (QCM). Cinq réponses possibles sont proposées pour chacune des réponses. Le choix d'une bonne réponse rapporte 4 points, celui d'une mauvaise réponse retire un point et l'absence de réponse ne rapporte ni ne retire aucun point. Le choix de cette notation n'est pas arbitraire, mais dicté par des raisons mathématiques. L'attribution de points négatifs a pour but de sanctionner une stratégie de réponse au hasard. A cet égard, imaginons que vous choisissiez de répondre à chacune des questions sans lire ces questions. Vos réponses sont donc aléatoires. Un raisonnement simple conduit à la conclusion que votre note finale au test sera proche de 0. En effet, pour chaque question vous avez une chance sur cinq de tomber sur la bonne réponse et quatre chances sur cinq de tomber sur une mauvaise réponse. La loi des probabilités nous dit alors qu'en répondant au hasard vous aurez environ 20% de bonnes réponses et 80% de mauvaises, soit sur 90 questions respectivement environ 18 et 72. Le calcul nous dit alors que le choix d'une stratégie aléatoire amène à la note de (18 x 4) + (72 x -1) soit 0. En conséquence une stratégie de réponse au hasard doit être proscrite et il ne faut répondre que dans le cas d'une grande certitude afin de minimiser au maximum les points négatifs.

Ces Annales sont constituées de trois parties. La première a pour but de conseiller le futur candidat pour la passation du test et pour son entraînement. Il ne s'agit évidemment que de conseils, mais ces derniers reposent sur une longue expérience et ont largement fait leurs preuves. La deuxième présente une série de questions pour chacun des sous-tests avec un exposé détaillé de la procédure de découverte de la bonne réponse. Enfin, la troisième comprend deux versions complètes du test TAGE MAGE, afin de pouvoir simuler la passation dans les conditions les plus proches possibles du contexte réel.

COMMENT LA NOTE FINALE AU **TAGE MAGE** EST-ELLE CALCULEE ?

Beaucoup de gens confondent un test avec un examen. La finalité des deux est différente et leur confusion conduit souvent à de mauvaises interprétations. Un examen a pour but d'évaluer un niveau de compétence ou de connaissance. Ainsi, les professeurs de collège et de lycée organisent régulièrement des devoirs sur table pour vérifier que leurs élèves ont appris et compris leurs leçons. La question qu'ils se posent est la suivante : "Mes élèves ont-ils le niveau requis ?". En revanche, un test se propose de classer un ensemble de candidats sans se fixer de niveau particulier de connaissance ou de compétence. En conséquence, on peut être bon à un examen et mauvais à un test de contenu équivalent et réciproquement. Ce paradoxe apparent peut être expliqué par un exemple simple. Imaginons que vous obteniez la note de 15 sur 20 à un examen de mathématique. La conclusion évidente est que vous possédez un bon niveau en mathématique. Mais si les trois quarts de vos camarades ont plus que 15, votre note change de signification. Par rapport aux autres, vous êtes plutôt mauvais. Dans le cas d'un examen, vous devez atteindre un seuil, dans le cas d'un test vous devez chercher à obtenir le meilleur classement possible. Ainsi fonctionne le TAGE MAGE. Au TAGE MAGE vous n'êtes pas bon en soi, vous êtes plus ou moins bon par rapport aux autres.

En conséquence, un bon test et un bon examen ne possèdent pas les mêmes qualités. Les qualités d'un examen se définissent avant tout par son contenu alors que celles d'un test sont relatives à sa capacité à discriminer le plus finement possible les candidats les uns par rapport aux autres.

Le calcul de la note finale d'un candidat au TAGE MAGE est réalisé selon une procédure stricte représentée dans le tableau ci-après.

Composition	Nb de questions	Durée	Score par sous-test	Score par partie	Score final
Partie I					
Résolution de problèmes	**30**	**40'**		**60**	
Calcul	15	20'	60		Moyennes
Conditions minimales	15	20'	60		des parties
Partie II					I ; II et III
Aptitudes verbales	**30**	**40'**		**60**	x 10
Compréhension	15	20'	60		
Expression	15	20'	60		score final
Partie III					sur **600**
Raisonnement Logique	**30**	**40'**		**60**	
Raisonnement	15	20'	60		
Logique	15	20'	60		

En un premier temps, le score pour chaque épreuve est calculé selon l'attribution d'un montant de 4 points pour les bonnes réponses et le retrait d'un point pour les mauvaises réponses. En conséquence, la note finale d'un sous-test, sachant qu'ils contiennent tous 15 questions, est comprise entre -15 et +60. La note la plus basse de -15 signifie que le candidat a choisi une mauvaise réponse à toutes les questions du sous-test et la note +60 qu'il a choisi la bonne réponse à chacune des questions.

En un deuxième temps, la moyenne arithmétique de chaque domaine évalué (Résolution de Problèmes, Aptitudes Verbales et Raisonnement Logique) est calculée. Rappelons que chaque domaine comprend deux sous-tests. Par exemple, celui relatif à la Résolution de Problèmes comprend les sous-tests 2 et 4. Imaginons alors qu'un candidat ait obtenu respectivement les notes de 13 et 17 à ces deux sous-tests. La note à cette partie sera alors égale à (13 + 17) / 2 soit 15 sur 60.

En un troisième temps, une deuxième moyenne arithmétique est calculée entre les trois domaines. Si un candidat a obtenu respectivement les notes de 15, 13 et 18 à chacune des parties, sa note globale sera de (15 + 13 + 17) / 3 soit 15. Cette dernière est, en un dernier temps, multipliée par 10. Le candidat théorique qui vient d'être mentionné obtient une note finale de 15 x 10 soit 150.

Ainsi la note maximale au TAGE MAGE est de 600 points et la note minimale est de - 150 points. Un bon test possède donc comme qualité essentielle de présenter la plus grande étendue possible des notes avec une distribution normale. Cette dernière signifie qu'il y a d'autant moins de candidats que les notes sont très basses ou très hautes.

Se préparer à la passation du test **TAGE MAGE**

Dans ce chapitre nous allons vous prodiguer quelques conseils généraux qui peuvent apparaître à certains comme évidents, mais qui ne sont pas moins très importants. Pour passer un test, quel qu'il soit, il faut se mettre avant tout dans de bonnes prédispositions psychologiques.

La passation d'un test provoque ce qu'il est convenu d'appeler un état de stress. Il se définit comme une situation de défi à laquelle un individu doit faire face. Ici, il s'agit d'atteindre la performance maximale afin de maximiser ses chances de réussite. Cette situation provoque des modifications physiologiques et psychologiques telles qu'une accélération du rythme cardiaque et de la respiration, une transpiration, une hypertonie (tension élevée de certains muscles) et un sentiment diffus d'anxiété. Ces symptômes sont plus ou moins forts selon les individus. Le stress peut avoir des effets positifs ou au contraire désastreux selon la manière dont nous le gérons.

La passation d'un test mobilise de nombreuses ressources intellectuelles : mémoire, attention. Un état de stress mal contrôlé va provoquer des déficiences mnésiques (de la mémoire) et attentionnelle. Ce phénomène est bien connu des personnes qui ont participé à des jeux télévisuels. Répondre à des questions de connaissances générales chez soi, dans la tranquillité en regardant la télévision n'est pas une situation stressante. En revanche, avoir la même activité sur un plateau de télévision nécessite de gérer une situation stressante sous peine d'être fortement handicapé. C'est ainsi que nous pouvons nous trouver dans des contextes dans lesquels nous éprouvons de grandes difficultés, voire une incapacité à répondre à des questions dont nous connaissons ou dont nous pourrions trouver la réponse. Ceci est dû au fait que notre mémoire et notre attention sont des mécanismes fragiles qui peuvent être profondément perturbés par nos états internes.

Comment gérer une situation stressante ? Il faut à la fois s'y préparer dans les jours qui précèdent afin de l'anticiper et d'adopter des comportements spécifiques et adaptatifs au cours de cette situation. Dans le cas qui nous concerne, il convient, quelques jours avant la passation et principalement la veille, d'adopter un certain mode de vie. Ne pas se coucher trop tard, essayer de bien dormir, se distraire l'esprit afin de ne pas être obsédé, éviter l'alcool, dont l'abus a des effets très néfastes sur l'attention et la mémoire, sont les éléments d'un bon mode de vie préparateur à une situation stressante. L'utilisation de certains médicaments tels que des somnifères ou des tranquillisants doit faire l'objet d'une grande précaution. En effet, ce type de substance peut faire baisser le niveau d'anxiété mais au prix d'une baisse importante de l'attention. Par ailleurs, nous conseillons aux candidats d'éviter de se surentraîner en particulier durant les derniers jours qui précèdent la passation. Enfin, d'un point de vue général, se préparer à une situation stressante, c'est aussi relativiser son importance. Certes, l'échec est douloureux et frustrant, mais il fait partie des règles du jeu et, comme on dit, "de la vie". Il ne doit pas être considéré comme un drame. En conséquence, il faut se mettre dans les meilleures conditions possibles pour réussir mais aussi avoir à l'esprit que l'on peut rater sa passation sans être "un mauvais" ou "un nul".

Durant la passation, les causes d'échec sont essentiellement liées à la perte de son calme et donc à celle de ses moyens. Rester calme est le maître mot. Il faut respirer calmement, ne pas se laisser distraire par l'environnement, mettre sa montre sur la table devant ses yeux, être méthodique (nous préciserons plus loin ce point), faire de petites pauses entre chaque question pour éviter les interférences, relire au moins une fois les énoncés des questions. Le stress a tendance à provoquer des comportements de précipitation qui conduisent souvent à avoir des lectures biaisées des énoncés, voire des fautes d'inattention.

STRATÉGIES GÉNÉRALES À ADOPTER DURANT LA PASSATION

La première des conditions pour maximiser sa performance est la gestion du temps. Chaque sous-test comprend 15 questions et sa passation dure 20 minutes. Ce temps est court et donc précieux. Une simple division révèle qu'en théorie le temps nécessaire à une question est de l'ordre d'une minute et demie. En conséquence, il faut impérativement éviter de passer trop de temps sur une question. Chaque question réussie rapporte la même quantité de points (4) quel que soit son niveau de difficulté. Il est donc évident qu'il vaut mieux commencer par les questions faciles. Nous vous conseillons alors de lire attentivement l'énoncé, de le relire puis d'évaluer à la fois le niveau de difficulté de la réponse et la rapidité avec laquelle vous pouvez espérer y répondre. Si votre sentiment est qu'il s'agit d'une question trop difficile pour vous ou que vous risquez d'y consacrer de nombreuses minutes, passez à la question suivante. Les questions ne sont pas rangées par ordre croissant de difficulté, certaines sont très simples, d'autres peuvent être résolues très rapidement : à vous de les identifier. Une stratégie à haut risque consiste à vouloir résoudre les questions dans l'ordre sans tenir compte de leur difficulté ou du temps pour trouver la solution. Certains candidats adoptent en effet cette dernière et obtiennent souvent des scores très en deçà de ceux qu'ils auraient pu espérer.

La deuxième condition est de réaliser le bon choix entre deux stratégies possibles de résolution. Ce sont les suivantes :
1) La solution est trouvée à partir des informations contenues dans l'énoncé. La déduction conduit alors à la découverte d'une réponse. La comparaison entre cette dernière et les cinq réponses proposées permet alors de déterminer si la méthodologie choisie a permis de trouver la solution.
2) La solution est trouvée à partir des cinq réponses. On vérifie alors laquelle des cinq est compatible avec les données de l'énoncé.

La deuxième méthodologie permet un gain appréciable de temps lorsque, parmi les cinq réponses, une seule ou deux apparaissent clairement comme plausibles et les autres fausses de façon évidente. Pour la plupart des questions, un panachage des deux stratégies s'avère être l'attitude la plus efficace. Illustrons ce point important par quelques exemples concrets.

La question suivante est une question qui relève du sous-test "calcul" du domaine "Résolution de Problèmes".

Enoncé : Lors d'une braderie chez un concessionnaire automobile, un client achète une voiture avec 20% de réduction. Il la paye alors 18 000€. Quel était le prix de cette automobile avant la réduction ?

Réponses proposées :
A) 19 000€   B) 20 500€   C) 21 250€   D) 22 500€   E) 24 000€

La lecture de l'énoncé informe que la réponse doit être supérieure à 18 000€. En conséquence, les cinq réponses paraissent plausibles. Mais, on sait aussi que la réponse doit être supérieure à l'addition de 18 000€ et de 20% de 18 000€ soit 18 000€ + 3 600 € c'est-à-dire 21 600€. Il n'y a donc plus que deux réponses possibles, la "D" et la "E". Il suffit d'effectuer les deux opérations suivantes : 22 500€ x 0,8 et 24 000€ x 0,8. Le calcul révèle alors que 22 500€ x 0,8 est égal à 18 000€. La bonne réponse est donc la "D". L'avantage de cette démarche c'est qu'elle évite l'utilisation du langage mathématique. Elle peut aussi permettre une résolution rapide en particulier à ceux qui sont performants en calcul mental. Ici la stratégie employée a donc été de partir des réponses proposées et de vérifier laquelle correspondait aux données de l'énoncé.

Dans le cas d'une stratégie à partir des données de l'énoncé la démarche serait la suivante :

Appelons le prix de l'automobile avant la réduction "p". L'énoncé nous donne l'information suivante : 18 000€ = 0,8 x p. En effet, 18 000€ représente 80% du prix initial de l'automobile. En conséquence p = 18 000 / 0,8 soit 22 500€. On retrouve évidemment la réponse "D".

Imaginons que les réponses proposées aient été les suivantes :
A) 19 000€   B) 20 500€   C) 21 000€   D) 21 500€   E) 22 500€

Nous avons vu que la réponse était obligatoirement supérieure à 21 600€. Dans ce cas précis, une seule réponse remplie cette condition, la "E". La réponse peut donc être trouvée très rapidement. Or, rappelons que la gestion du temps est l'élément essentiel dans la passation d'un test.

Un autre exemple va illustrer l'importance qu'il y a à analyser les réponses proposées à une question.

Enoncé : Dans les cités de banlieues de certaines grandes villes, un nombre grandissant de jeunes vivent en marge du reste de la société. Ils ont leurs propres règles et leurs propres lois qui sont la plupart du temps très éloignées de celles de la société. Une solution, testée dans certains pays comme les USA, consiste à développer les clubs et les associations sportives.

Quelle affirmation soutient <u>le moins</u> la conclusion ?

Réponses proposées :
A) Seul le sport permet de devenir le meilleur pour des personnes qui ont eu un échec scolaire.
B) Le sport apprend le respect de l'autre.
C) On doit collaborer avec les autres dans la pratique du sport.
D) La pratique sportive nécessite l'acceptation de certaines règles.
E) La pratique sportive est une école de la non violence.

Cette question relève du sous-test "Raisonnement" du domaine "Raisonnement logique". Son énoncé doit être lu très attentivement afin d'éviter de commettre des contresens. L'une des difficultés qui amène de nombreux candidats à commettre des erreurs est ce que nous appelons un biais de décentration. En effet, il ne s'agit pas d'une question d'opinion personnelle. Dans l'énoncé, le point de vue défendu peut être contradictoire avec son propre avis. On peut même être en désaccord complet avec lui. Il faut donc "s'imprégner" du contenu, l'adopter et oublier sa propre opinion. Nous faisons alors une décentration. Par ailleurs, dans cet exemple, l'énoncé se termine par une question qui consiste à demander de choisir parmi cinq affirmations quelle est celle qui est la plus éloignée du contenu de l'énoncé. Ce deuxième effort conduit aussi à de nombreuses erreurs.

Passons maintenant à la solution. L'énoncé conduit à penser que le sport peut aider à lutter contre la marginalité et probablement (on peut le déduire de l'énoncé), la violence et la délinquance. Parmi les quatre réponses proposées, les "B", "C", "D" et "E" développent sous des formes différentes l'idée selon laquelle la pratique du sport a un effet positif sur la socialisation. Elles vont donc toutes les quatre dans le sens du contenu de l'énoncé. En revanche, la "A" développe une idée différente selon laquelle le sport peut donner une chance d'être le meilleur à des personnes ayant échoué dans le domaine scolaire. Elle n'est pas contradictoire avec l'énoncé, mais elle apparaît presque hors sujet. En conséquence, c'est elle qu'il faut considérer comme soutenant le moins le contenu de l'énoncé.

Dans cet exemple, le contenu de l'énoncé ne permet pas à lui seul de répondre. Il faut analyser aussi avec beaucoup d'attention les contenus de chacune des réponses en faisant abstraction de son opinion personnelle.

CONSEILS RELATIFS À LA PASSATION
DE CHACUN DES SOUS-TESTS

Le TAGE MAGE est structuré autour de trois domaines de compétence comprenant chacun deux sous-tests. Leur choix a été déterminé par le contenu des formations que les candidats souhaitent suivre. La bonne gestion d'une entreprise nécessite la mise en œuvre de compétences variées. Une spécialisation dans une sphère de compétences trop spécifique n'apparaît pas comme une formation de qualité pour un futur gestionnaire. Par exemple, un haut niveau en mathématique ne garantit pas la possession des qualités relatives à l'exercice de la gestion d'une entreprise. En conséquence, les concepteurs du TAGE MAGE ont considéré que la gestion des entreprises nécessite des compétences en résolution de problèmes, en aptitudes verbales et en raisonnement logique. Les premières reposent sur des connaissances mathématiques simples à appliquer à des problèmes quotidiens (les pourcentages, les proportions, la recherche d'inconnues dans un problème). Les deuxièmes sont relatives à la compréhension et à l'expression du langage. Les troisièmes mobilisent le raisonnement logique sur des contenus verbaux, spatiaux ou numériques ne nécessitant pas de connaissances mathématiques approfondies.

Sous-test 1

Compréhension d'un texte écrit

1. Pourquoi ce sous-test ?

Point n'est besoin de souligner l'importance stratégique de la compréhension de l'écrit, tout particulièrement pour le personnel d'encadrement, dans tous les métiers de la gestion. Il s'agit de traiter quotidiennement une avalanche d'informations écrites : e.mails, lettres, notes de service, dossiers, actualités spécialisées, etc.

D'autre part, les cadres savent bien que le temps imparti à la lecture leur est compté. De plus, ils lisent souvent dans de mauvaises conditions, car leur temps est morcelé et ils sont fréquemment interrompus.

Il leur est donc nécessaire de lire vite et bien, de mémoriser et/ou de classer efficacement cette information afin de pouvoir la retrouver très rapidement.

Le test de compréhension d'un texte écrit (abrégé en Comprex) permet d'évaluer la **compétence de lecture** sous contrainte temps.

2. Principes fondateurs de l'épreuve

Une compétence est un ensemble en général complexe de savoirs, de savoir-faire et de savoir-être. Appliqué à la lecture, cela présuppose une compréhension des mots et des règles de base d'une langue (savoirs), permettant de donner du sens à un message écrit. Les savoir-faire touchent aux capacités à traiter les éléments mis en forme dans un texte : repérer, par exemple, des informations isolées, mais aussi des enchaînements d'informations, des démonstrations et des argumentations. Le savoir-être est un niveau plus profond et plus subtil encore, où le lecteur cherche à cerner les intentions de l'auteur du texte, à évaluer la validité du texte qu'il a sous les yeux, à se situer par rapport à lui, à l'intégrer dans ses propres représentations.

En résumé, le long chemin à parcourir dans l'apprentissage de la lecture va du **déchiffrage à l'exégèse**, c'est-à-dire de la lecture plus ou moins maladroite à l'explication de texte de plus en plus sophistiquée.

Le TAGE MAGE cherche à évaluer cette compétence de compréhension, dans un certain nombre de ses composantes principales.

2.1 La saisie d'informations

Il s'agit d'un travail, rapide et précis, de repérage des informations contenues dans un texte. Il permet de retrouver rapidement le ou les passages où se trouve telle ou telle information, afin de vérifier, par exemple, la façon dont elle est présentée, modalisée. Cette information est-elle présentée comme une certitude, une quasi-certitude, une supposition ou une spéculation ? A cet égard, une attention toute particulière doit être portée aux qualificatifs (adjectifs, propositions relatives ou participiales) accompagnant les substantifs, aux adverbes nuançant (modalisant) le sens des verbes, etc. C'est comme une opération chirurgicale d'extraction de données.

Dans le test, les questions vérifiant ce genre de compréhension sont simples dans leur libellé, mais requièrent cependant une lecture précise (du texte et de la question), et une bonne perception des nuances d'expression (cf. 4.3, questions 1-5).

2.2 L'organisation des informations

Les informations s'organisent à différents niveaux, c'est-à-dire à un niveau macro et à un niveau micro-textuel. Comment le texte s'organise-t-il en sous-parties : de façon linéaire, chronologique, ou sous forme de lignes directrices qui s'entrecroisent ? Comment s'organise chaque sous-partie ? La juste perception de la structure du texte, de ses idées-clés permet de résumer l'ensemble, ou bien une sous-partie, ou bien encore un paragraphe constitutif d'une sous-partie.

Dans le test, certaines questions vérifient l'aptitude des candidat(e)s à distinguer un bon d'un mauvais résumé (cf. 4.3, questions 6-7).

A un niveau plus micro-textuel, le lecteur efficace sait repérer la façon dont les informations se regroupent, s'articulent au sein d'une chaîne argumentative.

Ces regroupements d'informations font l'objet de questions dont la structure est plus complexe que les précédentes (cf. 4.3, questions 8-11).

2.3 L'interprétation

Au-delà des deux niveaux précédents, le lecteur est invité à se livrer à d'autres investigations :

- Quelle est la nature du texte ? Texte spécialisé, de vulgarisation, article de presse ?
- Quelle est la posture intellectuelle de l'auteur ? neutre et nuancée, critique, polémique ?
- Que dit l'auteur explicitement (clairement, avec des mots), ou implicitement (à demi-mot) ?
- Quel est le meilleur titre pour ce texte, celui qui correspond le mieux au niveau du fond et de la forme, qui respecte le mieux le climat général du texte, son registre stylistique ?

Tous ces aspects, particulièrement intéressants, mais délicats à décoder, font l'objet de questions spécifiques (cf. 4.3, questions 12-15).

On pourra penser, ou objecter, que compréhension et interprétation sont deux choses radicalement différentes : la compréhension peut être plus facilement et plus largement partagée ; l'interprétation est individuelle, il suffit pour cela de penser aux grandes controverses qui ont agité la critique littéraire depuis des siècles…

Nous sommes conscients des difficultés inhérentes à l'interprétation et, en la matière, nous limitons celle-ci à des aspects à propos desquels peut s'établir une sorte de consensus interprétatif, résultat d'une intersubjectivité.

Nous ne cherchons pas à compliquer inutilement l'épreuve, mais nous avons la ferme intention d'évaluer non seulement une capacité basique de lecture (déchiffrage), mais des capacités avancées de « commerce » avec les textes.

3. Comment sont choisis les textes ?

Ils peuvent porter sur les sujets les plus divers, choisis dans les sciences humaines et sociales, mais aussi dans les sciences exactes. Leur compréhension ne nécessite cependant pas d'avoir fait des études spécialisées dans ces matières.

Voici quelques titres permettant de se faire une idée des sujets abordés lors de précédentes sessions du TAGE MAGE :

- les inégalités devant l'emploi et les salaires en Occident ;
- l'ethnologie animale et humaine ;
- l'enseignement de l'histoire en France ;
- la dichotomie entre le secteur culturel marchand et non marchand ;
- le dopage ;
- les restructurations d'entreprises ;
- pour une éthique de la responsabilité ;
- l'Euro.

Les textes et interviews sont de bon niveau ; ils sont récents et reflètent en général les problèmes actuels de société, ainsi que l'actualité des sciences.

4. Exemple

4.1 Présentation et marche à suivre

Ne considérez pas le test ci-dessous comme une épreuve standard. Elle a été « didactisée » pour permettre une meilleure compréhension de la logique du test.

Le texte, quant à lui, est conforme aux standards sur les plans quantitatif et qualitatif. Les questions (15 en tout) ont été regroupées conformément aux explications données en 2.1, 2.2 et 2.3, afin d'illustrer de façon systématique les différentes approches des textes qui caractérisent Comprex.

Dans les épreuves créées pour le TAGE-MAGE, les niveaux 2.1, 2.2, et 2.3 sont mixés.

Il se peut également que les concepteurs aient, dans un avenir proche ou plus lointain, de nouvelles idées de présentation des questions : un bon travail d'explication de texte se caractérise à la fois par des routines et de la créativité !

Aux candidat(e)s qui se préparent à l'épreuve de Comprex, nous conseillons de faire tout d'abord le test ci-dessous dans les conditions de l'épreuve (20 minutes) et sans consulter le « debriefing ». Ils pourront ensuite utiliser les commentaires des questions pour mieux comprendre leurs éventuelles erreurs d'appréciation.

Bon vent et bonne route !

4.2 TEXTE

L'activité sismique se concentre le long de grandes failles, situées aux frontières des plaques tectoniques qui forment la partie externe de la terre, ou au sein de ces plaques, dans quelques structures très actives, comme la Chine ou la Méditerranée. Les tremblements de terre se produisent sur ces failles, à des profondeurs de quelques kilomètres, et n'affleurent en surface que très rarement. La zone active des failles sismiques est inaccessible à l'observation directe et, a fortiori , à toute expérimentation directe des sismologues et des géophysiciens. Il n'y a d'autre solution que d'observer les séismes depuis la surface, avec des instruments très élaborés. De telles informations sont très coûteuses et difficiles à entretenir, raison pour laquelle seuls quelques sites pilotes privilégiés sont bien surveillés.

Un tremblement de terre est dû à la propagation extrêmement rapide d'une rupture le long d'une faille active. Au passage du front de rupture, les lèvres de la faille glissent de quelques dizaines de centimètres à quelques mètres, en quelques secondes. La rupture se propage alors sur plusieurs kilomètres, à des vitesses de quelques kilomètres par seconde. Il est évident qu'une rupture de telles dimensions ne peut pas se déclencher sans une « préparation préalable ». Mais, ces phénomènes de préparation de la rupture, faut-il aller les chercher dans la zone de déclenchement du séisme, à quelques kilomètres de profondeur, ou sont-ils observables sur une grande zone autour de la faille du futur séisme ? Voilà bien la difficulté principale : nous ne savons pas vraiment à quelle échelle il faut réaliser des observations qui puissent être utiles pour l'observation sismique.

Une prévision sismique consiste à annoncer la probabilité qu'un tremblement de terre d'une certaine magnitude se produira dans une zone géographique bien délimitée, et dans une période de temps définie. Très souvent, des prévisions imprécises sont émises, qui omettent de donner soit la magnitude, soit une délimitation précise de la zone géographique qui sera affectée par le séisme, soit - et c'est le cas le plus fréquent- une estimation de la probabilité que la prévision se réalise réellement. L'erreur la plus évidente est celle qui consiste à annoncer un tremblement de terre sans spécifier clairement sa magnitude. Sachant que celle-ci est une mesure logarithmique de l'énergie émise par le tremblement de terre, on voit qu'il est tout à fait différent d'annoncer un séisme de magnitude 8 et d'en prévoir un de magnitude 7.

Ne disposant pas d'une connaissance suffisamment détaillée des processus physico-chimiques qui se produisent dans la source sismique avant le déclenchement de la rupture, les sismologues sont contraints d'utiliser des méthodes empiriques.

4.3 Questions

Question 1 : Quelle est l'erreur la plus évidente en matière de prévisions sismologiques ?   Une erreur sur…

A- le lieu du séisme

B- la date du séisme

C- le nombre de secousses

D- la durée du séisme

E- l'intensité du séisme

Question 2 : Où faut-il réaliser les observations permettant d'anticiper les séismes ?
A- On ne sait pas exactement.
B- Le long des failles en activité.
C- Sur les lieux de probables séismes.
D- Sur les bords des fosses océanes.
E- Là où ont déjà eu lieu des séismes.

Question 3 : Un tremblement de terre est-il précédé par une phase de préparation ?
A- Dans la majorité des cas.
B- Dans certains cas.
C- Dans tous les cas.
D- Les avis sont divergents.
E- Neuf fois sur dix.

Question 4 : Pourquoi n'y-a-t-il qu'un petit nombre de sites d'observation sismique bien surveillés ?
A- Cela suffit pour assurer une prévision d'ensemble.
B- Les gouvernements préfèrent la prévention à la prévision sismique.
C- Les sites d'observation sont complétés par d'autres procédures.
D- Par manque de personnel hautement qualifié sur le marché du travail.
E- L'acquisition et la maintenance des sites sont très onéreuses.

Question 5 : Qu'exprime une mesure logarithmique de l'énergie émise par un tremblement de terre ?
A- Elle construit une progression géométrique pour mesurer cette énergie.
B- Elle construit une échelle d'évaluation allant de 1 à 8.
C- Le texte n'apporte pas de réponse précise sur ce point.
D- Elle définit des graduations en fonction des logarithmes de cette énergie.
E- Elle construit une progression linéaire pour mesurer cette énergie.

Question 6 : Combien de sous-parties (ou têtes de chapitre) y a-t-il dans ce texte, et comment les dénommer ?
A- (3) Tremblements de terre ; prévisions sismiques ; processus physico-chimiques.
B- (3) L'activité sismique ; les tremblements de terre ; la prévision sismique.
C- (4) Sismiquement vôtre ; cherchez la faille ; et la terre de trembler ; l'espoir des sismologues.
D- (4) La sismologie ; les lèvres de la faille ; prévoir les tremblements de terre ; les contraintes des sismologues.
E- (3) Les failles sismiques ; le déclenchement des séismes ; les prévisions imprécises.

*Question 7 : Q*uelles sont les informations essentielles concernant l'activité sismique ?

A- Elle se situe à l'intérieur, ou aux frontières des plaques tectoniques. Elle est inaccessible à l'observation directe et à l'expérimentation. Les tremblements de terre proviennent d'une rupture le long d'une faille active.

B- Elle se situe toujours à de très grandes profondeurs, dans de nombreuses structures continentales en Europe et en Asie. Son observation nécessite des installations très coûteuses et difficiles à entretenir.

C- Elle est due à la propagation instantanée d'une rupture sur une faille active en Chine, sur le pourtour méditerranéen, sur le continent américain, etc... Elle se manifeste par des tremblements de terre d'amplitude variable.

D- Elle est relative aux séismes, qui sont l'ensemble des déformations brusques de l'écorce terrestre sous l'effet des secousses telluriques, lesquelles s'évaluent sur l'échelle d'amplitude de Richter.

E- Elle traduit les mouvements de l'écorce terrestre, qui se casse par endroits sous l'effet de tremblements de terre d'intensité très variable, dont l'amplitude se mesure sur des échelles logarithmiques.

Question 8 : Quelle(s) méthode(s) utilise la sismologie ? Elle procède par …
  1. observations indirectes
  2. expérimentations directes
  3. raisonnements hypothético-déductifs
A- Uniquement 2
B- Ni 1, ni 2, ni 3
C- 1 + 2
D- 1 + 2 + 3
E- Uniquement 1

Question 9 : Où l'activité sismique se concentre-t-elle ?
  1. Le long des failles, aux confins des plaques tectoniques
  2. Le long de certaines côtes
  3. Au sein des plaques tectoniques
A- Uniquement 3
B- 1 + 2 + 3
C- 1 + 3
D- 1 + 2
E- Uniquement 1

Question 10 : Comment une rupture se propage-t-elle le long d'une faille active ?
  1. Sur quelques centaines de kilomètres
  2. A des vitesses de plusieurs dizaines de km par seconde
  3. Par vagues successives

A- 1 + 2
B- Ni 1, ni 2, ni 3
C- Uniquement 3
D- 1 + 2 + 3
E- 2 + 3

Question 11 : Sur quels éléments portent fréquemment les imprécisions des prévisions ?
        1. le degré de vraisemblance de l'événement
        2. l'intensité du séisme
        3. la région concernée
A- 2 + 3
B- Uniquement 2
C- 1 + 2 + 3
D- Uniquement 3
E- 1 + 2

Question 12 : Choisissez le titre résumant le mieux l'article ci-dessus, sur le fond et dans la forme.
A- Tremblements de terre : le douloureux échec de la prévision sismique.
B- Tremblements de terre : les orphelins de la prévision sismique.
C- Tremblements de terre et prévisions sismiques.
D- Les prévisions sismiques démenties par les tremblements de terre.
E- Prévisions sismiques : l'impossible anticipation des tremblements de terre.

Question 13 : Quelle phrase résume le mieux l'opinion de l'auteur sur la sismologie ?
A- C'est une science exacte, s'appuyant sur des données irréfutables.
B- C'est une approche artisanale, qui cherche à se transformer en science.
C- C'est une pseudo-science, qui marque l'imprécision de ses résultats.
D- C'est une discipline scientifique rigoureuse, dont les résultats sont irréprochables.
E- C'est une approche s'appuyant sur l'expérience, et qui reste relativement imprécise.

Question 14 : A quel type de lectorat s'adresse l'auteur ? Il s'adresse à…
A- Des sismologues.
B- Des ingénieurs.
C- Des écoliers.
D- Des non-spécialistes.
E- Des techniciens.

Question 15 : Ce texte évoque, sur le fond et dans la forme, le discours …
A- D'un moraliste.
B- D'un auteur satirique.
C- D'un journaliste spécialisé.
D- D'un homme politique.
E- D'un éditorialiste.

4.4 « Debriefing » du test

Question 1 (E) :
Le texte est explicite à cet égard : « l'erreur la plus évidente est celle qui consiste à annoncer un tremblement de terre sans spécifier clairement sa magnitude. » (cf. paragraphe 3)
Attention au superlatif : « la plus évidente ».

Question 2 (A)
Idem : « Voilà la difficulté principale : nous ne savons pas vraiment à quelle échelle il faut réaliser des observations qui puissent être utiles pour la prévision sismique. » (cf. paragraphe 1)
Attention au qualificatif : « (difficulté) principale ».

Question 3 (C)
Idem : « Il est évident qu'une rupture de telles dimensions ne peut pas se déclencher sans *préparation préalable.* » (cf.paragraphe 2)
Attention à l'adverbe : « évident »

Question 4 (E)
Idem : « De telles installations sont très coûteuses et difficiles à entretenir, raison pour laquelle quelques sites privilégiés sont bien surveillés. » (cf. paragraphe 1)

Question 5 (C)
Sur ce point, l'auteur renvoie le lecteur à sa « culture » mathématique, avec cette étonnante et amusante formule : « … on voit clairement qu'il est tout à fait différent d'annoncer un séisme de magnitude 8 et d'en prévoir un de magnitude 7. »

Question 6 (B)
Le texte comporte clairement 3 paragraphes principaux. Le quatrième est plutôt une phrase de conclusion.
Des trois formulations (A, B, E), B est la meilleure : elle respecte la chronologie du texte, et les trois dénominations sont reprises directement du début de chaque paragraphe.

Question 7 (A)
Les formulations B et C comportent des erreurs par rapport au texte source. La formulation D, reprise d'un dictionnaire, ne comporte pas les mêmes mots-clés que notre texte. La formulation E est mal centrée par rapport aux informations essentielles données par le texte. Il ne reste que la formulation A, que l'on est d'ailleurs tenté de choisir rapidement, par intuition, ce qui économise du temps !

Question 8 (E)
Le premier paragraphe du texte permet de valider l'observation indirecte et d'écarter l'expérimentation directe : « La zone active des failles sismiques est inaccessible à l'observation directe et, a fortiori, à toute expérimentation directe… ».
Quant aux raisonnements hypothético-déductifs, ils ne sont mentionnés à aucun endroit du texte. En revanche, le dernier paragraphe indique que « les sismologues sont contraints d'utiliser des méthodes empiriques. », ce qui est l'inverse du raisonnement hypothético-déductif, l'empirisme ne reposant que sur l'expérience, et excluant les les systèmes a priori.

Question 9 (C)
La première phrase du premier paragraphe permet de valider les propositions 1 et 3.
La proposition 2 (le long des côtes), n'est pas abordée par le texte.

Question 10 (B)
Il ne s'agit pas de plusieurs centaines de kilomètres, mais de plusieurs kilomètres.
Quant à la vitesse, elle est de quelques kilomètres par seconde, et non pas de plusieurs dizaines de kilomètres par seconde. Les « vagues successives » ne sont pas mentionnées dans le texte.

Question 11 (C)
Le troisième paragraphe permet de valider les trois propositions concernant l'imprécision des prévisions : magnitude (intensité du séisme) ; délimitation précise de la zone (région concernée) ; probabilité que la prévision se réalise (degré de vraisemblance de l'événement).

Question 12 (C)
Les titres A, B, et D sont à exclure, car ils expriment des évaluations radicales de la sismologie, ce qui n'est absolument pas le cas dans le texte : il n'y est jamais question (sur le fond) d'échec flagrant, d' impossible anticipation… la métaphore « orphelins de la prévision » ajoute une composante émotionnelle et une connotation morale qui sont malvenues, étant donné le ton général du texte (niveau de la forme).
Le titre D peut faire hésiter. A la réflexion, le terme « démenti » est trop énergique, trop critique pour qualifier un texte qui se montre neutre, voire bienveillant vis-à-vis de la sismologie.

Question 13 (E)
Dans la proposition A, le terme « irréfutable » ne fait pas bon ménage avec   les imprécisions qui caractérisent les prévisions sismiques.
B et C comportent des péjorations (approche artisanale et pseudo-science), qui sont contraires à l'esprit du texte.
La formulation D est trop optimiste, exagérée par rapport au bilan contrasté de la sismologie.
La proposition E est en accord avec le pragmatisme qui caractérise cette science.

Question 14 (D)

Pour des sismologues, le texte est bien trop basique, pour des ingénieurs   et   des techniciens, il n'est pas suffisamment basé sur des aspects formalisés, sur des méthodes de travail. Pour des écoliers, il est trop difficile d'accès : il ne se contente pas de l'information de base, il ne donne pratiquement pas d'exemples. Ce texte s'adresse à un public qui dispose d'une bonne expérience de la lecture, mais qui n'est pas spécialiste de sismologie.

Question 15 (C)

Ce texte cherche visiblement à être aussi objectif que possible. Il vise également à simplifier, mais sans plus, une science complexe. Loin de lui les préoccupations de morale (A), l'outrance de la satire (B). Un homme politique (D) pourrait peut-être être amené à parler de sismologie, mais certainement pas dans ces termes. Un éditorial (E) sur la sismologie insisterait davantage sur la partie commentaires, beaucoup moins sur la description. D'autre part, il appartient aux éditoriaux de prendre plus nettement position, et de la défendre.

Ce texte pourrait donc être un article de vulgarisation, dans une rubrique spécialisée d'un journal de bon niveau.

5. Comment se préparer à cette sous-épreuve ?

L'épreuve de Comprex teste bien plus qu'une « lecture déchiffrage » ; elle évalue une compétence de compréhension de l'écrit.

Pour bien réussir cette épreuve, il faut sans doute être un bon lecteur, c'est-à-dire avoir de très nombreuses heures de lecture derrière soi, pratiquer différents types de textes, sur des sujets variés. La lecture régulière des journaux quotidiens et des magazines de haut niveau est certainement une très bonne base.

Au-delà de la lecture proprement dite, il est nécessaire d'avoir une méthode d'analyse des textes. La pratique régulière de l'explication de textes est sans doute un deuxième facteur-clé de succès.

Une bonne capacité d'analyse de texte présuppose **un respect du texte étudié**. Il s'agit de se livrer à un inventaire rigoureux de son contenu : de quel type de texte s'agit-il, quelle est sa structuration (macro-analyse), comment s'articulent les informations (micro-analyse) qu'il met en forme ?

Le test se base exclusivement sur les informations contenues dans le texte. Comprex n'est pas un test de connaissances sur tel ou tel sujet. Il sera toujours risqué, au moment de répondre à une question, de compléter le texte par des connaissances sur le sujet traité, acquises ailleurs.

Pratique de la lecture et de l'explication de texte, **rigueur et respect du texte** devraient orienter la préparation, qui ne pourra sans doute pas se suffire d'un bachotage.

La connaissance des principes directeurs de Comprex et de son mode de fabrication sont sans doute des atouts. C'est la raison pour laquelle nous avons décidé d'éditer ces annales.

Rappelons que le test de démonstration utilisé pour Comprex ne ressemble pas à la mise en forme habituelle de l'épreuve. Vous trouverez dans ces annales un jeu complet de sous-épreuves qui vous permettront de poursuivre votre entraînement.

Une autre façon de se préparer à l'épreuve consiste à en fabriquer une soi-même, ou en groupe, en bénéficiant si possible des conseils d'un enseignant qualifié en explication de texte et en linguistique.

Sous-test 2

Calcul

Le sous-test « Calcul » évalue la maîtrise de connaissances simples dans les domaines de l'arithmétique, de la géométrie, de l'algèbre et du calcul. Il appartient au domaine 1, "Résolution de Problèmes". Le niveau de connaissance requis correspond à celui du programme de la classe de troisième pour l'essentiel et pour certaines questions à celui des classes de seconde et de première.

Plus précisément, les champs de connaissances requis sont les suivants :

- les entiers relatifs, les décimaux et les nombres réels ;
- les puissances et les racines carrées ;
- les pourcentages et les proportions ;
- les progressions arithmétiques et géométriques ;
- les identités remarquables ;
- les équations du premier et du second degré ;
- les systèmes d'équations (3 inconnues au maximum) ;
- l'analyse combinatoire simple ;
- la moyenne statistique ;
- les propriétés des droites parallèles (théorème de Thalès) et des droites perpendiculaires (théorème de Pythagore) ;
- propriétés élémentaires du triangle, du cercle, du rectangle et du carré.

Beaucoup de questions peuvent être solutionnées avec un "bon sens" mathématique, c'est-à-dire même si l'on a oublié certains théorèmes, mais nous vous conseillons de réviser ces notions mathématiques. Leur bonne maîtrise vous permettra d'économiser un temps précieux. Par ailleurs, la plupart des problèmes sont présentés sous forme d'histoires de la vie quotidienne. Là où les notions mathématiques sous-jacentes n'apparaissent donc pas toujours de façon évidente. Certains candidats vont donc essayer, dans ce cas, de résoudre le problème par analyse sémantique, sans faire appel au langage mathématique. D'autres vont en quelque sorte "déshabiller" le problème de son sens afin de le reformuler en langage mathématique, par exemple sous forme d'une ou de plusieurs équations. L'essentiel est de trouver la solution dans le temps le plus court possible.

Nous allons maintenant détailler les solutions de trois questions de difficulté variable. Cette dernière est définie par le pourcentage de bonnes réponses qu'elle provoque. Nous utiliserons les différents éléments stratégiques que nous avons présentés précédemment.

Exemple 1.

Enoncé :
Lors d'une fête foraine, les organisateurs se font livrer un tonneau de vin à 9h du matin. A 11h, un cinquième du contenu du tonneau a été consommé, soit 40 litres. Le soir, à la fermeture, le tonneau ne contient plus qu'un dixième de son contenu initial. Quelle est la quantité de vin dans le tonneau à la fin de la fête foraine ?
Réponses proposées :
A) 80 litres   B) 35 litres   C) 30 litres   D) 25 litres   E) 20 litres

La solution repose sur une manipulation de proportion. Cette question provoque entre 70% et 80% de bonnes réponses. Il s'agit donc d'une question facile qui ne présente pas de difficultés mathématiques majeures. Par conséquent, il est essentiel de la résoudre en un temps le plus court possible.

Solution :
1/5 vaut 40 litres, donc 1/10, qui est la valeur recherchée, vaut la moitié de 40 litres, soit 20 litres.
La bonne réponse est E.

Elle peut être trouvée très rapidement à condition d'avoir repéré lors de la lecture de l'énoncé que la valeur cherchée est la moitié de 40 litres. On peut poser le problème sous forme d'équations mais la solution sera trouvée plus lentement. On retiendra de cette question l'importance, déjà soulignée, d'une lecture très attentive de l'énoncé.

Exemple 2.

Enoncé :

Deux entiers naturels positifs m et p sont tels que leur somme et leur produit vérifient :   (1) m . p = 35   (2) m + p = 12

Quelle est la valeur de $m^2 + p^2$?

Réponses proposées :

A) 64   B) 81   C) 77   D) 74   E) 88

Solution :

La solution ne peut pas être trouvée à partir des réponses proposées. Cette question provoque entre 40% et 50% de bonnes réponses. Il s'agit donc d'une question de difficulté moyenne. L'écriture mathématique est un des handicaps rencontrés par certains candidats. Il faut vous convaincre qu'il ne s'agit que de problèmes mathématiques simples.

Une lecture attentive de l'énoncé fait apparaître que la solution peut être trouvée rapidement si l'on se souvient que $m^2 + p^2$ est un élément de l'identité remarquable suivante :

(1) $(m + p)^2 = m^2 + p^2 + 2mp$

Or l'énoncé nous donne à la fois m . p et m + p en conséquence (1) devient :

(2) $12^2 = m^2 + p^2 + 2(35)$

$144 = m^2 + p^2 + 70$

$144 - 70 = m^2 + p^2$

donc $m^2 + p^2 = 74$

La bonne réponse est la réponse D. Elle peut être trouvée très rapidement.

Exemple 3.

Enoncé :

Deux cyclistes (A et B), dont l'un est professionnel, décident de faire une course poursuite. A démarre le premier et roule à une vitesse de 42 km/h. B démarre 20 minutes après et rattrape A au bout de 60 minutes. A quelle vitesse B a-t-il roulé ?

Réponses proposées :

A) 39 km/h   B) 54 km/h   C) 56 km/h   D) 58 km/h   E) 48 km/h

Solution :

Il s'agit d'une question difficile. Pourtant, ainsi que nous allons le montrer, la solution est beaucoup plus simple qu'il n'y paraît. C'est un simple système d'équations qui peut se résoudre par calcul mental.

Tout d'abord, il faut se rappeler que la vitesse n'est autre que la distance parcourue par un mobile en un temps donné. Pour cette raison, elle est exprimée en km/h ou en m/s. Appelons Va la vitesse de A et Vb la vitesse de B. On cherche Vb.

L'énoncé nous dit que B a roulé pendant 60 minutes. On peut en déduire que A a roulé pendant 80 minutes puisqu'il est parti 20 minutes avant B et qu'il a été rattrapé par B au bout de 60 minutes. De plus on sait que Va = 42 km/h.

Posons alors :
    (1) Va = 42 = d / 1,33   d est la distance parcourue et 1,33... représente 80 minutes exprimée en heures.
A n'a roulé que 60 minutes (1 heure) mais il a parcouru la même distance que B. En conséquence on peut écrire :
    (2) Vb = d / 1
de (1) on déduit que d = 42 x 1,33... ce qui permet d'écrire (2) Vb = 42 x 1,33...
soit 56 km/h.

La bonne réponse est C.

Il est possible d'éviter, dans la résolution de ce problème, l'écriture mathématique. On peut raisonner alors de la façon suivante. A roule à 42 km/h pendant 80 minutes. En conséquence, il a parcouru 42 x 1,33... soit 56 km. B roule pendant 60 minutes soit 1h. Il a parcouru en 1h, 56 km puisqu'il a rattrapé A. En conséquence, il a roulé à 56 km/h (réponse C). La réponse peut donc être trouvée très rapidement avec ou sans le langage mathématique.

Sous-test 3

Raisonnement / Argumentation

Le sous-test 3 est le premier sous-test du domaine "Raisonnement logique". Il évalue le degré de maîtrise de compétences de raisonnement logique simple, telles que l'implication, la transitivité ou encore le syllogisme. Sa passation ne nécessite pas de connaissance approfondie des théorèmes fondamentaux de la logique formelle. Les deux formes de raisonnement, inductif et déductif, sont testés. Le premier (déduction) fonctionne par enchaînement de propositions ordonnées selon les principes logiques afin de trouver une solution. Le deuxième fonctionne par généralisation à partir de cas singuliers.

Pour chaque question, vous devez analyser une situation-problème, parfois sans aucune ambiguïté et parfois floue. La plupart des questions relèvent du bon sens. Deux types de bonnes réponses sont proposés. Pour le premier, la bonne réponse est explicitement unique. Pour le deuxième, qui représente une situation de prise de décision fréquente dans la vie quotidienne, plusieurs réponses sont possibles et le candidat doit alors choisir celle qui convient le mieux.

Par ailleurs d'autres questions visent la capacité à évaluer la meilleure ou la moins bonne des conclusions possibles ou des illustrations possibles, à évaluer le meilleur ou le moins bon parallélisme avec une situation ou raisonnement comparable, à expliciter les sous-entendus qui fondent les affirmations du discours proposé. Dans ce cas, les consignes orientent la réflexion et peuvent être formulées avec une grande variété :
- vers quelle conclusion tend ce développement ?
- quelle proposition soutient le mieux la conclusion ?
- qui (parmi les catégories de personnes répertoriées) peut s'exprimer ainsi ?
- quelle est la proposition qui illustre le mieux le point de vue défendu dans cette argumentation ?
- à quel proverbe la situation se réfère-t-elle le mieux ?
- etc.

Pour cette catégorie de questions, il faut faire très attention à ne pas confondre les points de vue défendus dans les énoncés avec ses propres points de vue.

Nous allons maintenant détailler les solutions de trois questions de difficulté variable. Cette dernière est définie par le pourcentage de bonnes réponses qu'elle provoque. Nous utiliserons les différents éléments stratégiques que nous avons présentés précédemment.

D'un point de vue statistique, le sous-test Raisonnement/Argumentation provoque globalement pour les 15 questions, selon les années, entre 45% et 55% de bonnes réponses, entre 25% et 35% de non-réponse et entre 20% et 30% de mauvaises. Il s'agit d'un sous-test plutôt difficile. Il s'accompagne d'un pourcentage significatif de mauvaises réponses. La lecture des énoncés doit se faire avec une grande attention.

Exemple 1.

Enoncé :
La recherche de la vie extraterrestre est devenue une quête permanente depuis quelques années chez beaucoup d'astronomes. Les espoirs les plus immédiats se tournent vers la planète Mars. Certes, on n'est pas assuré qu'il y ait actuellement de la vie sur cette planète mais que probablement il y en a eu, car les scientifiques pensent que durant les deux premiers milliards d'années de la vie de Mars, ses conditions étaient proches de celles de la Terre.
Parmi ces cinq argumentations quelle est celle qui est utilisée dans ce propos pour asseoir l'hypothèse d'une ancienne vie sur Mars ?

Réponses proposées :
A) Sophie et Albertine sont deux bonnes élèves du même âge. Sophie est en seconde donc Albertine doit être en seconde.
B) Les enfants bons élèves se couchent tôt. Le fils de ma voisine regarde la télévision le soir. C'est un bon élève.
C) Les personnes âgées ont des performances intellectuelles inférieures à celles des jeunes. Malgré tout certaines conservent un haut niveau d'activité.
D) L'air est aux mammifères ce que l'eau est aux poissons.
E) Sur la route, Paul est doublé par Jacques et Jacques est doublé par Benjamin.

Solution :
Ce type de question provoque un taux de bonnes réponses compris entre 60% et 70% de bonnes réponses, mais aussi entre 20% et 30% de mauvaises réponses. Son traitement nécessite autant une analyse de l'énoncé que de chacune des réponses proposées. On peut essayer de trouver la solution en raisonnant à partir du sens mais cette stratégie peut amener à des erreurs de raisonnement.

Une reformulation de l'énoncé permet de dire que "la Terre et Mars sont comparables à leur début". La Terre accueille la vie. Mars a dû accueillir la vie à ses débuts". Il s'agit d'un raisonnement de type syllogistique. Rappelons qu'un syllogisme comprend trois propositions : la majeure (ici, la Terre et Mars sont comparables à leur début), la mineure (ici, la Terre accueille la vie) et la conclusion qui est déduite de la majeure par l'intermédiaire de la mineure (ici, Mars a dû accueillir la vie à ses débuts). Il s'agit donc de découvrir parmi les cinq réponses proposées, laquelle est un raisonnement syllogistique.

La Réponse A est bien de type syllogistique, avec une proposition majeure (Sophie et Albertine sont deux bonnes élèves du même âge), une mineure (Sophie est en seconde) et une conclusion déduite de la majeure par l'intermédiaire de la mineure (Albertine est en seconde). Il faut alors vérifier la structure des quatre autres réponses.

La réponse B comprend bien trois propositions : une majeure (les enfants bons élèves se couchent tôt), une mineure (l'enfant de ma voisine se couche tard) et une conclusion (l'enfant de ma voisine est un bon élève). Mais la conclusion ne se déduit pas de la majeure par l'intermédiaire de la mineure. En conséquence, il ne s'agit pas d'un syllogisme, mais d'une argumentation incohérente.

La réponse C est du type "il existe des A (personnes âgées) inférieurs à B (personnes jeunes)" mais "il existe aussi des A qui sont presque égaux ou supérieurs à B". Ce raisonnement n'est pas de type syllogistique.

La réponse D est un raisonnement analogique du type A est à B ce que C est à D. Il ne s'agit donc pas d'un raisonnement syllogistique.

Enfin la réponse E est un raisonnement de type transitif mais sans conclusion. On peut le formuler comme suit : "Jacques est plus rapide que Paul" et "Benjamin est plus rapide que Paul". Les deux propositions n'amènent pas à une conclusion et demeurent donc indépendantes. Le raisonnement n'est donc pas du type syllogistique.

La seule réponse qui possède la même structure de raisonnement que l'énoncé est donc la réponse A. Les mauvaises réponses se répartissent sur les quatre autres solutions proposées.

Exemple 2.

Enoncé :
Anne, Valérie, Caroline et Inès appartiennent à la même promotion d'une école de commerce. Quinze ans après la fin de leurs études, elles se retrouvent lors d'un dîner. Elles discutent de leur réussite professionnelle et en viennent à comparer leur salaire. Aucune ne gagne le même salaire. Il apparaît que Inès n'a pas un salaire inférieur à celui de Valérie, que Caroline n'a pas un salaire inférieur à celui de Inès et que Anne n'a pas un salaire inférieur à celui de Caroline. Qui possède le troisième salaire, le premier étant le plus élevé ?

Réponses proposées :
A) Anne   B) Valérie   C) Caroline   D) Inès   E) il est impossible de répondre

Solution :

Ce type de question provoque un taux de bonnes réponses de l'ordre de 50% à 55%. Il s'agit d'une question de difficulté moyenne. En revanche, le taux de mauvaises réponses est compris entre 30% et 35%. L'erreur la plus fréquente est le choix de la réponse E.

La seule difficulté est la lecture de l'énoncé. Elle doit révéler immédiatement que le problème posé est une succession d'inégalités qu'il est possible d'emboîter. Et, par ailleurs, chaque inégalité est exprimée sous une forme négative du type : " x n'a pas un salaire inférieur à y". Il y a plusieurs façons de trouver la bonne solution, mais il faut adopter une stratégie qui soit peu coûteuse en temps. L'une des façons est de se débarrasser des formes négatives en posant que la proposition "x n'a pas un salaire inférieur à y" est équivalente à "x a un salaire supérieur à y". Nous écrirons cette deuxième proposition sous la forme $x > y$. L'inégalité est stricte car l'énoncé nous dit qu'elles ont toutes un salaire différent. Par ailleurs, nous appellerons Anne "A", Valérie "V", Caroline "C" et Inès "I".

Les propositions nous disent successivement que :

(1) $I > V$
(2) $C > I$
(3) $A > C$

On en déduit que : $A > C > I > V$

En conséquence le troisième salaire, le premier étant le plus élevé, est celui de I soit celui d'Inès. La bonne réponse est la réponse D. Le choix erroné le plus fréquent est la réponse E (environ 8% à 10%). Il est dû au fait qu'une stratégie sans mise en forme logique, c'est-à-dire uniquement fondée sur la sémantique des propositions, ne permet pas de constater facilement que les trois inégalités s'emboîtent, c'est-à-dire qu'elles n'en forment qu'une seule.

Remarquons que pour ce type de question, la réponse ne peut être trouvée qu'à partir des données de l'énoncé. Les réponses proposées ne permettent pas de sélectionner celle qui est la bonne. Les erreurs sont provoquées par le fait qu'une proportion importante des candidats se perd dans la sémantique du problème. Une mise en forme du type de celle que nous avons proposée ("$x > y$") permet de gagner un temps précieux, d'une part, et de parvenir à la solution avec une grande certitude, d'autre part.

Exemple 3.

Enoncé :

Les partisans de la thèse selon laquelle l'instauration d'un service minimum dans les transports publics ne serait pas une atteinte au droit de grève, mais une limite légitime à un pouvoir qui n'a pas de contre pouvoir, ont bien du mal à se faire entendre. La conscience d'une telle nécessité fait son chemin, notamment grâce à la naissance d'associations d'usagers.

Quelle est la proposition la plus proche de l'argumentation ci-dessus ?

Réponses proposées :
A) L'instauration d'un service minimum dans les transports publics serait une atteinte au droit de grève.
B) Le droit de grève est le seul pouvoir qui n'a pas de contre pouvoir.
C) Personne ne se soucie des effets de grève dans les transports publics sauf les associations d'usagers.
D) A la faveur, entre autres, de l'apparition des associations d'usagers, on commence à prendre au sérieux les conséquences des grèves dans les transports publics.
E) Seule l'action des associations d'usagers peut parvenir à une limitation du droit de grève dans les transports publics.

Solution :
Ce type de question provoque un taux de bonnes réponses compris entre 30% et 25%. Il s'agit d'une question difficile. Le taux de mauvaises réponses est compris entre 25% et 30%. Il est donc très élevé. Les quatre mauvaises réponses sont choisies sans préférence particulière.

La difficulté de ce type de question est que leur solution repose, à la différence des deux premiers exemples, uniquement sur une analyse sémantique de l'énoncé. Une mise en forme en langage logique n'est pas possible. Il faut donc faire très attention à ne pas confondre le point de vue développé dans l'énoncé avec son propre point de point de vue. Par ailleurs, la question posée n'amène pas à une déduction, puisqu'elle demande de choisir parmi les cinq réponses proposées celle "qui est la plus proche" de l'énoncé. En conséquence, la stratégie que nous conseillons est de partir de chacune des réponses proposées pour éliminer celles qui sont contradictoires ou éloignées du contenu de l'énoncé.

La réponse A nous dit que l'instauration d'un service minimum serait une atteinte au droit de grève. L'énoncé nous dit au contraire qu'elle serait un légitime contre pouvoir. Cette réponse est contradictoire.

La réponse B nous dit que le droit de grève est le seul pouvoir qui n'a pas de contre pouvoir. Cette proposition n'est pas contradictoire avec l'énoncé, mais elle le dépasse. Ce dernier dit uniquement que le droit de grève dans les transports n'a pas de contre pouvoir. Ce qui ne signifie pas que le droit de grève en général n'a pas de contre pouvoir. La proposition n'est pas contradictoire mais relativement éloignée. Elle est, de ce point de vue, la meilleure.

La réponse C est contradictoire avec l'énoncé. Elle nous dit que personne ne se soucie des effets des grèves sauf les associations d'usagers. Or l'énoncé nous dit que la conscience d'une limitation du droit de grève progresse grâce "notamment" à la création d'associations d'usagers. Le mot "notamment" signifie que d'autres groupes ou d'autres individus que les associations d'usagers se soucient des effets des grèves.

La réponse D est une reformulation possible de l'énoncé. Elle commence par "à la faveur entre autres" ce qui correspond au "notamment" de l'énoncé. Les associations d'usagers sont présentées comme des vecteurs importants, mais pas uniques, de la prise de conscience des conséquences de grèves. Sans être identique à l'énoncé, la proposition apparaît très proche de l'énoncé. Sa proximité est plus grande que la proposition de la réponse B, qui est une généralisation qui sort du contexte des transports publics.

La réponse E est une généralisation assez comparable à celle de la réponse B. Elle stipule que "seules" les associations peuvent obtenir une limitation du droit de grève. L'énoncé ne prête pas un tel pouvoir aux associations qui sont présentées comme des acteurs importants mais pas les seuls.

En conclusion, la bonne réponse est la réponse D. Les réponses C et E, tout en n'étant pas contradictoires avec l'énoncé, le dépassent et sont donc plus éloignées de l'énoncé que la réponse D. Enfin, les réponses A et B sont les plus éloignées, car contradictoires avec le contenu de l'énoncé.

Sous-test 4

Conditions minimales

Ce sous test est le deuxième sous-test du domaine "Résolution de Problème", le premier étant le sous test "Calcul". Ils recouvrent les mêmes champs de compétences, mais le sous-test Conditions Minimales comprend des questions dont les énoncés sont formulés de façon bien particulière et inhabituelle. Les énoncés se terminent par une question mais ils ne contiennent pas assez d'informations pour y répondre. Plus précisément, les quinze questions sont formulées avec des informations initiales, qui à elles seules ne permettent pas de résoudre le problème, et deux informations complémentaires notées (1) et (2). Le candidat doit décider si l'une ou l'autre, les deux ensemble ou aucune des informations complémentaires ne permet de résoudre le problème.

Plus précisément, les candidats doivent choisir, comme pour les autres sous-tests, la solution parmi cinq réponses A, B, C, D et E définies comme suit :

A : Si l'information (1) permet **à elle seule** de répondre à la question, et si l'information (2) à elle seule ne permet pas de répondre à la question.

B : Si l'information (2) permet **à elle seule** de répondre à la question, et si l'information (1) à elle seule ne permet pas de répondre à la question.

C : Si les deux informations (1) et (2) **ensemble** permettent de répondre à la question, et aucune séparément ne le peut.

D : Si **chaque** information permet séparément de répondre à la question.

E : Si les deux informations **ensemble** ne permettent pas de répondre à la question.

La difficulté de ce sous-test provient de la formulation inhabituelle des 15 questions. Notre scolarité nous a appris à résoudre des problèmes à partir de données initiales, mais pas à déterminer si un problème est soluble en fonction des informations dont on dispose. Cette deuxième situation correspond plus à des contextes de vie réelle. Il s'agit d'un sous-test difficile. Le taux de bonnes réponses est compris entre 45% et 55%, entre 15% et 20% de non réponse et entre 35% et 45%. La difficulté du test provient donc du choix fréquent de mauvaises réponses de par les formulations inhabituelles des énoncés. Il nécessite une grande attention et surtout d'être très méthodique. Trois exemples vont illustrer ce propos.

Exemple 1.

Enoncé:
Le prix d'un véhicule automobile a baissé régulièrement du mois de février au mois de septembre, à raison de 5% par mois. De quelle somme le prix de cette automobile a-t-il baissé du mois de mars au mois de juillet ?
(1) son prix au mois de février était de 10 000€ ;
(2) son prix au mois de septembre était de 6 983,73€.

Réponses proposées :
A, B, C, D et E selon l'explication précédente.

Solution :
Pour résoudre ce problème il n'est pas nécessaire de faire des calculs. Il suffit de déterminer si l'on peut calculer la baisse du prix en fonction des informations fournies. Malgré tout, plutôt que de répondre sans certitude, il est plus judicieux de vérifier par les calculs que la baisse du prix peut être trouvé. Mais dans ce cas, la perte de temps risque d'être considérable. Il s'agit alors de choisir entre prise de risque de sélectionner une mauvaise réponse et perdre un temps précieux. Il faut minimiser les risques en étant le plus rapide possible. La seule stratégie est d'être très méthodique.

Dans l'exemple qui nous intéresse, la question porte sur la baisse du prix d'une automobile. Comme information initiale on ne dispose que du fait que son prix a baissé à raison de 5% par mois entre février et septembre. Pour calculer le montant de la baisse il faut :
1 - connaître le prix de l'automobile à un moment quelconque, entre février et septembre ;
2 - calculer le prix au mois de mars et au mois de juillet, afin de soustraire le deuxième au premier.

Pour réaliser 2 il faut connaître 1. La condition est donc de connaître le prix de l'automobile à un moment quelconque entre février et septembre. L'information supplémentaire (1) fournit le prix au mois de février. On peut donc calculer la baisse avec l'information (1) seule. L'information supplémentaire (2) fournit le prix au mois de septembre. On peut donc aussi calculer la baisse avec l'information (2) seule. En conclusion, les deux informations supplémentaires permettent séparément de trouver la solution.

La bonne réponse est D (**chaque** information permet séparément de répondre à la question).

Exemple 2.

Enoncé :
Un nombre entier a est inférieur à 60. Quelle est sa valeur ?
(1) a est un cube ;
(2) a est un multiple de 3.

Réponses proposées :
A, B, C, D et E selon l'explication précédente.

Solution :
On cherche un chiffre ou un nombre qui soit à la fois un cube, un multiple de 3 et inférieur à 60.
L'information (1) nous dit que le nombre cherché est un cube. Il existe plusieurs cubes inférieurs à 60 (1, 8, 27). A elle seule l'information ne permet pas de répondre.
L'information (2) nous dit que le nombre cherché est un multiple 3. Il existe plusieurs multiples de 3 inférieurs à 60 (3, 6, 9, 12 , 15, 18, 21, 24, 27 …). L'information (2) ne permet donc pas, comme l'information (1), à elle seule de trouver la solution.
En revanche, les deux informations permettent de trouver le nombre demandé, il s'agit de 27. A partir du moment où il y a plusieurs cubes inférieurs à 60, il faut une information supplémentaire pour trouver le nombre demandé. La réponse peut donc être trouvée très rapidement.

La bonne réponse est C (les informations (1) et (2) **ensemble** permettent de répondre à la question, et aucune séparément ne le peut). Soulignons à cet égard qu'un nombre conséquent de candidats confondent la réponse C et la réponse E. Il convient d'être très vigilant à ce sujet.

Exemple 3.

Enoncé :
Un triangle ABC, rectangle en A, est tel que les deux côtés formant l'angle droit sont égaux. On augmente sa surface de 44%, les deux côtés formant l'angle droit restant égaux. Quelle est en mètre la longueur de son hypoténuse après l'augmentation ?

(1) la surface du triangle après augmentation est de 72m².
(2) la longueur de l'hypoténuse a augmenté de 20% .

Solution :
On cherche la longueur de l'hypoténuse, après augmentation de 44% de la surface, d'un triangle rectangle isocèle tel que dessiné ci-dessous :

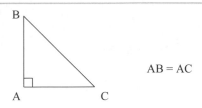

$AB = AC$

L'information initiale porte sur sa surface, que l'on augmente de 44%, tout en conservant l'égalité $AB = AC$. Rappelons que l'hypoténuse BC se calcule par la formule :

$$BC^2 = AB^2 + AC^2 \quad \text{soit} \quad BC^2 = 2\,AB^2 \quad \text{ou} \quad BC^2 = 2\,AC^2.$$

Par ailleurs, le triangle ABC représente la moitié d'un carré puisque $AB = AC$. Sa surface S est donc égale à :

$$S = AB^2/2 \quad \text{ou} \quad S = AC^2/2.$$ En conséquence $AB^2 = AC^2 = 2S$

En conséquence, pour trouver la valeur de l'hypoténuse, il faut :

1) connaître la surface du triangle (S) ;
2) calculer 2S qui correspond à AB^2 et à AC^2 ;
3) effectuer $AB^2 + AC^2$ qui nous donne BC^2 (BC étant l'hypoténuse) ;
4) calculer la racine carrée de $(AB^2 + AC^2)$.

La seule information nécessaire pour trouver la solution est donc S.

L'information (1) nous dit qu'après augmentation de 44% la surface du triangle est de 72m². On peut donc calculer la valeur de l'hypoténuse. L'information (1) seule permet de trouver la solution.

L'information (2) nous dit que la longueur de l'hypoténuse a augmenté de 20% après l'augmentation de 44% de la surface du triangle. Cette information ne permet pas de déterminer la valeur de S et donc ne permet pas de trouver la solution.

En conséquence, l'information (2) n'est pas pertinente et l'information (1) permet à elle seule de trouver la solution. La bonne réponse est A (l'information (1) permet **à elle seule** de répondre à la question, et l'information (2) à elle seule ne permet pas de répondre à la question).

Soulignons que pour résoudre des problèmes de conditions minimales, une stratégie performante consiste à déterminer les informations nécessaires et suffisantes pour trouver la solution. Dans cet exemple, nous avons déterminé que l'information nécessaire et suffisante était la surface S. On peut alors analyser si les deux informations supplémentaires contiennent de façon directe ou indirecte les informations nécessaires et suffisantes. Dans cet exemple l'information (1) fournit la valeur de S et en conséquence elle est suffisante à elle seule.

Sous-test 5

Expression

1. Pourquoi ce sous-test ?

A propos de l'épreuve « compréhension d'un texte écrit », il a été question de compétence de l'écrit en tant qu'ensemble de savoirs, savoir-faire et savoir-être spécifiques.

L'épreuve d'expression, quant à elle, permet de tester certains de ces savoirs et savoir-faire constitutifs de la compétence de lecture et de la compétence d'écriture :

- maîtrise de l'orthographe, des règles de grammaire ;
- connaissance du lexique (vocabulaire général et spécialisé, expressions idiomatiques, proverbes, etc.) ;
- repérage, compréhension, choix des articulateurs logiques dans les textes.

Les extraits de texte utilisés dans le test lui-même ne sont pas fabriqués pour les besoins de la cause ; ils sont presque tous issus soit de la presse quotidienne ou spécialisée, soit d'articles de revues, soit encore d'ouvrages de vulgarisation scientifique.

2. Structuration de l'épreuve

2.1 Recherche de synonymie
Partons d'une définition du *Petit Larousse illustré* (2003) :
« **synonyme :** adjectif et nom masculin
(grec *sunônumos* ; de *sun,* avec et *onoma,* nom)
[Linguistique] Se dit de deux ou plusieurs mots de même fonction grammaticale, qui ont un sens analogue ou très voisin. (Par ex. les verbes *briser, casser* et *rompre* sont synonymes.)
Contraire : antonyme. »

Dans le test d'expression, nous irons au-delà de cette définition *stricto sensu,* en y incluant la synonymie entre groupes de mots, membres de phrase, phrases, et même groupes de phrases. Il s'agit alors de vérifier une aptitude à mesurer une équivalence de sens allant du plus simple (le mot) au plus complexe (le paragraphe).
Notre définition de la synonymie inclut donc ce que l'on peut appeler la paraphrase, dans les sens indiqué sous 1 et 3, dans cette définition du même *Petit Larousse illustré* :

« **paraphrase :** nom féminin
(grec *paraphrasis*)

1. Développement explicatif d'un texte.
2. *Péjor.* Commentaire verbeux et diffus d'un texte.
3. [Linguistique] Énoncé synonyme d'un autre énoncé moins long. »

Cette capacité à évaluer un degré de synonymie, de paraphrase, est considérée par les linguistes comme un savoir-faire avancé, précieux à la fois pour la compréhension et l'expression.

Voici maintenant quelques exemples d'exercices portant sur trois aspects de cette problématique de la synonymie / paraphrase. Il s'agit chaque fois de choisir la formulation dont le sens se rapproche le plus du passage souligné.

Vous trouverez les solutions dans le paragraphe 2.1.5.

2.1.1 Synonymie / paraphrase au niveau des mots

S1. Parce qu'en période de crise, il faut vivre d'espoir, la France joue. Quand la réussite sociale par le travail devient <u>aléatoire</u>, pourquoi en effet ne pas s'en remettre au Loto ?

A) Elle est totalement exclue.
B) Elle est remise en question.
C) Elle dépend du hasard.
D) Elle est source de problèmes.
E) Elle est fonction de l'altérité.

2.1.2 Synonymie / paraphrase au niveau des groupes de mots

S2. Le bon négociateur sait être persuasif, <u>en faisant preuve de pondération.</u>

A) Il sait prévoir la suite des événements.
B) Il relativise les choses.
C) Il recourt à la ruse plutôt qu'à la violence.
D) Il ne manque jamais d'expédients.
E) Il recherche de l'efficacité dans l'action.

2.1.3 Synonymie / paraphrase au niveau de la phrase, ou des membres de phrase

S3. Quel talent, ce vendeur d'électroménager ! Voilà un professionnel de la vente compétent et persuasif. Mais il vous abandonne vite <u>si votre achat est différé.</u>

A) Si vous voulez acheter un article différent que celui qu'il recommande.
B) Si vous hésitez entre plusieurs produits.
C) Si vous demandez un crédit.
D) Si vous reportez votre achat à plus tard.
E) Si vous exigez de partir immédiatement avec votre achat.

S4. <u>A quelque chose malheur est bon.</u>

A) Un malheur n'arrive jamais seul.
B) Aux grands maux les grands remèdes.
C) Le mieux est parfois l'ennemi du bien.
D) De deux maux, il faut choisir le moindre.
E) On ne fait pas d'omelettes sans casser des œufs.

2.1.4 Synonymie / paraphrase au niveau du texte

Cette variante de l'exercice associe la paraphrase et l'art de la variation stylistique. En voici un exemple.

S5. La petite boîte jaune des cachous Lajaunie fabriqués par Pierre Fabre (pharmacie et cosmétiques) vient de rejoindre dans la poche de Warner-Lambert les pastilles Vichy que l'acquéreur américain avait achetées en 1988.

A) Werner Lambert, qui avait acheté les pastilles Vichy, a racheté les cachous Lajaunie, une boîte jaune fabriquée par Pierre Fabre (pharmacie et cosmétiques).

B) Après avoir avalé les pastilles Vichy en 88, le groupe américain Werner-Lambert vient d'ingurgiter les cachous Lajaunie de Pierre Fabre, à la fameuse petite boîte jaune (pharmacie et cosmétiques).

C) Les cachous Lajaunie sont passés sous pavillon américain, avec la cession par les laboratoires pharmaceutiques et cosmétiques Pierre Fabre de la célèbre petite boîte jaune des cachous Lajaunie au groupe américain Werner-Lambert déjà acquéreur des pastilles Vichy en 1988.

D) Après s'être offert les pastilles Vichy en 88, le groupe américain Werner-Lambert vient de récidiver avec la petite boîte jaune des laboratoires pharmaceutiques et cosmétiques Pierre Fabre, les célèbres cachous Lajaunie.

E) Les laboratoires pharmaceutiques et cosmétiques Pierre Favre viennent d'offrir leurs célèbres cachous Lajaunie (la petite boîte jaune) au groupe américain Werner-Lambert, qui avait déjà racheté les pastilles Vichy en 1988.

2.1.5 Solutions commentées des exercices

S1. (C) - Cette solution correspond à la définition même que les dictionnaires donnent de l'adjectif aléatoire.

S2. (B) - Pondéré signifie calme, modéré dans ses comportements et ses prises de position. Un caractère pondéré relativise spontanément.

S3. (D) - Différer un achat, c'est le reporter, le repousser, le remettre à une date ultérieure.

S4. (E) - Derrière le proverbe « à quelque chose malheur est bon », il y a l'idée que les événements pénibles peuvent avoir un aspect positif, car cela peut enrichir votre expérience de la vie. Analogiquement, l'expérience de la vie peut être perçue comme une nourriture, par exemple une omelette. Mais pour la faire, il faut casser des œufs, ce qui renvoie métaphoriquement aux maux.

S5. (D) - Dans la solution A, il manque la date ; les cachous sont assimilés à une simple boîte jaune. Par rapport aux autres, cette reformulation est trop courte.

Dans la formulation B, « avalé » et « ingurgité » évoquent la gloutonnerie et la souffrance, ce qui n'est pas dans le texte de départ.

La formulation C est longue, confuse, mal construite. L'idée du passé très récent n'apparaît pas nettement dans « sont passés ».

D donne l'impression que les laboratoires Pierre Fabre sont à l'origine de la reprise des cachous Lajaunie par Werner-Lambert.

2.2 Correction linguistique

Les exercices peuvent porter sur le repérage des fautes d'orthographe, le respect des règles fondamentales de la grammaire, sur l'évaluation de la correction grammaticale et de la qualité stylistique de phrases ou d'extraits de texte.

2.2.1 Orthographe, fautes d'usage et ponctuation

COL.1 Combien de mots mal orthographiés (faute d'accord ou faute d'usage) ?
Toute en étant d'une utilisation sûre et efficace, notre fabrication n'est pas à l'abri de défauts. Pour les détails concernants votre guarantie, veuillez donc vous adressez à votre distributeur régional.
A) Aucun.
B) Deux mots.
C) Quatre mots.
D) Six mots.
E) Plus de six mots.

COL.2 Quelle est la meilleure ponctuation ?
A) Pour définir le prix psychologique d'un champagne on interroge un échantillon de consommateurs en posant deux questions. « En dessous de quel prix n'achèteriez-vous plus un champagne, parce que vous estimeriez sa qualité insuffisante ? A partir de quel prix considérez-vous qu'un champagne est vendu à un prix excessif » ?
B) Pour définir le prix psychologique d'un champagne on interroge un échantillon de consommateurs, cn posant deux questions : En dessous de quel prix n'achèteriez-vous plus un champagne, parce que vous estimeriez sa qualité insuffisante ? « A partir de quel prix considérez-vous qu'un champagne est vendu à un prix excessif » ?
C) Pour définir le prix psychologique d'un champagne, on interroge un échantillon de consommateurs, en posant deux questions : « En dessous de quel prix n'achèteriez-vous plus un champagne, parce que vous estimeriez sa qualité insuffisante ? » ; « A partir de quel prix considérez-vous qu'un champagne est vendu à un prix excessif » ?
D) Pour définir le prix psychologique d'un champagne on interroge un échantillon de consommateurs en posant deux questions. En dessous de quel prix, n'achèteriez-vous plus un champagne, parce que vous estimeriez sa qualité insuffisante ? A partir de quel prix considérez-vous qu'un champagne est vendu à un prix excessif ?
E) Pour définir, le prix psychologique d'un champagne, on interroge un échantillon de consommateurs, en posant deux questions : « En dessous de quel prix n'achèteriez-vous plus un champagne, parce que vous estimeriez sa qualité insuffisante » ? A partir de quel prix, considérez-vous qu'un champagne, est vendu à un prix excessif ?

2.2.2 Correction grammaticale

COL.3 Les femmes cadres manifestent un avantage sur les hommes pour la gestion du temps : elles savent aller vite à l'essentiel et elles savent comment pas perdre du temps.

Indiquez la formulation la plus correcte et/ou la plus claire, éventuellement la plus élégante, pour exprimer le sens du passage souligné.
A) Elles savent comment pas perdre du temps.
B) Elles ne savent comment pas perdre de temps.
C) Elles ne savent pas comment perdre de temps.
D) Elles savent comment ne pas perdre du temps.
E) Elles savent comment ne pas perdre de temps.

COL.4 Quelle est la formulation la plus correcte ?
A) Appuyer sur le commutateur près de la base du tube métallique pour mettre en marche votre aspirateur, et faites de même pour l'arrêter.
B) En appuyant sur le commutateur situé près de la base métallique, votre aspirateur se met en marche. Faites de même pour l'arrêter.
C) Votre aspirateur se met en marche, en appuyant sur le commutateur situé près de la base du tube métallique. Pour l'arrêter, faire de même.
D) Votre aspirateur se met en marche, en appuyant sur le commutateur situé près de la base du tube métallique. Faites pareil pour l'arrêter.
E) Pour mettre en marche votre aspirateur, appuyez sur le commutateur situé près de la base du tube métallique, et pour l'arrêter, faites de même.

COL.5 Quelle est la seule phrase écrite correctement ?
A) Tout en étant amusants, voire délirants, les textes publicitaires doivent informer le public.
B) Tout en étant amusant voir délirant, les textes publicitaires doivent informer le publique.
C) Tout en n'étant amusants voire délirants, les textes publicitaires doivent informer le public.
D) Tout en étant amusant voir délirant, les textes publicitaires doivent informer le public.
E) Tout en étants amusants voire délirants, les textes publicitaires doivent informer le publique.

COL.6 En rentrant chez moi, vers minuit, j'ai rencontré un homme allongé par terre, visiblement malade. Je lui ai demandé ce qu'il a besoin, mais il n'a rien répondu.
Indiquez la formulation la plus correcte et/ou la plus claire, éventuellement la plus élégante, pour exprimer le sens du passage souligné.
A) ce qu'il a besoin
B) ce dont il a besoin
C) de quoi il a besoin
D) de quoi il avait besoin
E) ce qu'il avait besoin
COL.7 A la suite d'une annonce parue dans un quotidien, elle avait posé sa candidature pour un poste au Conseil de l'Europe ; à cause de son âge et de son peu d'expérience professionnelle, … le poste de conception des textes européens sur les réglementations financières et budgétaires.

Trouvez la formulation la plus correcte.
A) elle s'est vue refusée
B) elle s'est vue refuser
C) elle s'est vu refuser
D) elle s'est vue refusé
E) elle s'est vu refusée

2.2.3 Solutions commentées des exercices

COL.1 - (C) Voici le texte correctement orthographié :
Tout en étant d'une utilisation sûre et efficace, notre fabrication n'est pas à l'abri de défauts. Pour les détails concernant votre garantie, veuillez donc vous adresser à votre distributeur régional.

COL.2 - (C) Attention à la virgule, obligatoire entre « champagne » et « on ». Attention également aux guillemets, qui doivent encadrer chacune des deux questions posées. Attention enfin aux virgules « aberrantes », comme après « En dessous de quel prix », ou après « A partir de quel prix ».

COL.3 - (E) Il arrive que l'on perde du temps, mais, pour faire un bon score au TAGE MAGE, on ne doit pas perdre de temps.

COL.4 - (E) A l'évidence, cette phrase est extraite d'un manuel d'utilisation. On s'adresse donc en priorité à l'utilisateur, et on évite de donner l'impression que l'aspirateur se met en marche pratiquement tout seul (B) (C) ; (D). Comme dans tous les manuels d'utilisation, les verbes sont soit à l'infinitif, soit à l'impératif : le choix doit donc s'établir entre A) et E). E) est la formulation la plus équilibrée et la plus lisible. Le balancement « pour mettre en marche » ; « et pour l'arrêter », structure efficacement et harmonieusement le message à transmettre à l'utilisateur.

COL.5 - (A) Ne pas confondre le verbe voir et l'adverbe voire. Penser à accorder le participe passé avec le verbe être. Quant au participe présent (étant), il est bien entendu invariable…

COL.6 - (D) Attention à la concordance des temps !

COL.7 - (C) Revoyez, si nécessaire, les règles d'accord du participe passé…

2.3 Cohérence

Cette sous-partie de l'épreuve d'expression est basée sur l'argumentation, ses règles spécifiques, sa rigueur d'organisation.

2.3.1 Cohérence amont

A mesure qu'un raisonnement avance, on reprend des informations antérieures, à l'aide de mots, ou de groupes de mots qui renvoient à une information ou à une phrase apparues antérieurement dans le discours. Vous pouvez indiquer, par exemple, à l'un de vos proches que la météo est mauvaise, et ajouter ensuite : « cela dit, je ne veux pas vous empêcher pour autant de faire cette course en montagne… ». De tels mots et locutions invitent le lecteur à se remémorer ce qui a été dit précédemment, de façon à comprendre correctement ce que l'on veut lui communiquer. Voici un exercice qui illustre cet aspect de l'argumentation.

ARG.1 Le premier facteur d'inégalité entre les êtres humains tient à l'endroit du monde où ils naissent et grandissent. Près de la moitié des habitants de l'Afrique subsaharienne disposent de moins d'un dollar par jour pour vivre. En Amérique du Sud, la proportion de personnes vivant dans un tel état de dénuement est moitié moindre, ..., en Europe occidentale, elle est résiduelle.
A) malgré tout
B) au demeurant
C) tandis que
D) alors
E) si bien qu'

ARG.2 La montée de l'insatisfaction chez les salariés, l'instabilité politique et militaire de la région et la peur d'être frappé d'embargo par la communauté internationale sont …limitant l'entrée des capitaux.
A) autant de motifs
B) autant de prétextes
C) autant d'argumentations
D) autant de mobiles
E) autant de raisonnements

2.3.2 Cohérence aval

D'autres questions vérifient la perception de la cohérence interne du discours, des relations des concepts évoqués, qui créent aussi une prévisibilité logique.
A l'inverse de ce premier mode d'établissement de la cohérence, on peut inviter le lecteur à se porter non pas vers l'amont, mais vers l'aval du discours : on peut ainsi annoncer un développement, créer une prévisibilité. En voici une illustration.

ARG.3 Quand on parle de donner le droit aux grandes surfaces de vendre des médicaments, les pharmaciens crient que cette vente pourrait être dangereuse, voire criminelle. Personnellement, lorsque je vais m'acheter un tube de comprimés dans une pharmacie, on me le remet sans discussion ni commentaire.
Vers quelle conclusion tend ce texte ?
A) Obtenir des médicaments dans une pharmacie est facile ; il est donc inutile d'ajouter d'autres lieux de vente.
B) Le secret professionnel des pharmaciens de quartier vaut bien l'anonymat des grandes surfaces.
C) Il n'y a pas de différence entre la vente en pharmacie et dans les grandes surfaces.

D) L'avis du pharmacien est complémentaire de l'ordonnance du médecin.
E) Les clients sont assez mûrs pour se soigner seuls.
Voici une variante de cet exercice, toujours à propos de la conclusion vers laquelle tend une argumentation.

ARG.4 Il faut une ville pour ceux qui y vivent, pour ceux qui y travaillent. La circulation des voitures en ville affecte la qualité de la vie, la qualité de la ville. Il faut prendre des mesures qui restreignent la densité de la circulation urbaine.
Quelle mesure parmi les suivantes renforce le moins la conclusion de ce passage ?
A) Créer des parcs de stationnement gratuits à la périphérie de la ville.
B) Multiplier les aires de stationnement payant en ville.
C) Augmenter le nombre des voies réservées aux piétons.
D) Réduire la vitesse en ville à 20 ou 30 kilomètres / heure.
E) Développer des transports en commun confortables et peu coûteux.

2.3.3 Articulations logiques

D'autres questions vérifient également la perception de la cohérence interne du discours, des relations des concepts et/ou arguments évoqués, qui créent aussi une prévisibilité logique.

ARG.5 ... la coexistence de plusieurs cultures dans un même pays, le multiculturalisme a d'abord été pensé dans le cadre de la philosophie politique et juridique nord-américaine.
Complétez en respectant la cohérence de la phrase.
A) En tant que
B) De fait,
C) Notamment
D) L'idée selon laquelle
E) Défini comme

ARG.6 ... de l'importance de ses vestiges architecturaux et bien que civilisation de l'écrit, l'Egypte pharaonique a paradoxalement laissé peu d'informations sur la vie quotidienne et le mode de pensée des habitants de la vallée du Nil ou, ... les sources sur ce sujet sont disparates et souvent susceptibles de relever d'un discours officiel qui réinterprète les données du réel.
Complétez en respectant la cohérence de la phrase.
A) Du fait / notamment
B) Au sujet / naturellement
C) Au détriment / Une fois n'est pas coutume
D) En dépit / du moins
E) De fait / ce faisant

2.3.4 Solutions commentées des exercices

ARG.1 - (C) L'idée induite par la première partie du texte est celle de la simultanéité, mais aussi dans la différenciation (activité intellectuelle / activité physique). La juste perception de la locution « tout en effectuant » et la différenciation nette entre les deux types d'activité orientent le choix vers la solution (C).

ARG.2 - (A) Chacun des aspects distinctifs de cette énumération de freins à l'entrée des capitaux ne peut pas en lui-même être assimilé à un raisonnement ou à une argumentation. Un mobile est un motif qui conduit une personne à commettre une infraction. Quant au prétexte, c'est une raison apparente que l'on met en avant pour cacher le véritable motif d'une manière d'agir. Rien dans le texte ne justifie une telle interprétation.

ARG.3 - (C) L'auteur de cette phrase ne soutient visiblement pas la cause des pharmaciens :
- l'emploi du verbe crier, plutôt que protester est un premier indicateur ;
- l'expression « sans discussion ni commentaire » ne laisse plus guère de doute sur la position de l'auteur.
La conclusion (C) est donc aisément anticipable. Les autres propositions sont certes imaginables, dans le cadre d'une discussion sur la vente de certains médicaments en grandes surfaces. Cependant, cela n'a pas été le choix de l'auteur des quelques lignes introductrices de ARG.3

ARG.4 - (B) Les propositions A, C, D, E vont nettement dans le sens d'une réduction de la circulation automobile en ville. Seule, la solution B est à double tranchant : en effet, le stationnement payant augmente tendanciellement la possibilité de trouver des places de stationnement disponibles. C'est donc bien la mesure qui renforce le moins la conclusion de ce passage. Cela ne veut pas dire qu'elle ne le renforce pas du tout !

ARG.5 - (E) Les contraintes de cohérence sémantique et grammaticale ne permettent pas d'autre choix.

ARG.6 - (D) Les contraintes de cohérence sémantique et grammaticale ne permettent pas d'autre choix.

3. Comment se préparer à cette sous-épreuve ?

« Expression » est, comme on vient de le voir, une épreuve destinée à tester l'aptitude à comprendre une information formulée dans un court message verbal, puis à en trouver rapidement soit une reformulation conservant le sens initial, soit une reformulation meilleure par la correction et la précision, soit la suite probable dans le cadre d'un message cohérent.

3.1 Recherche de synonymie
Le travail avec un bon dictionnaire synonymique et analogique s'impose. Il est important, pour exprimer une idée donnée, d'avoir à sa disposition non seulement un mot, mais un réseau de mots. Une réflexion et un travail pratique sur les champs sémantiques est certainement fort utile. Précieuse également, la pratique régulière de la paraphrase, pratiquée dans le respect du texte de départ.

3.2 Correction grammaticale
La première série d'exercices renvoie à la compétence grammaticale pour laquelle il est relativement aisé de trouver des conseils et des consignes dans les dictionnaires de difficultés de la langue française, dans les ouvrages de grammaire et dans les cahiers d'exercice pour améliorer son orthographe.
Pour ce qui est du style, l'entraînement consistera à pratiquer la reformulation de messages. Dans certains cas, il s'agit surtout de variations de la forme, d'un transcodage (comme le passage de l'oral à l'écrit, du registre familier au registre officiel). Dans d'autres, il s'agit de veiller à ce que la reformulation n'altère pas le message initial, ou plutôt d'être conscient des modifications de sens que cette réécriture apporte.
Afin de se sensibiliser à ces problèmes, les candidats auront intérêt à lire des ouvrages généraux sur la variété des styles et l'effet qu'ils produisent.

3.3 Cohérence
Les connecteurs logiques sont parfois répertoriés dans les grammaires, les dictionnaires ou les manuels d'expression.
La réussite de cette sous-partie suppose l'habitude de faire des rapprochements entre faits et arguments, de tirer des interprétations, d'envisager les présupposés et les implications qui découlent d'un énoncé. Sur ce dernier plan, les candidats soucieux de se préparer au mieux auront avantage à prendre conseil auprès d'enseignants spécialistes de langue française et de linguistique.

Sous-test 6

Logique

Le sous-test de logique est le deuxième du domaine "Raisonnement Logique". Comme le sous-test "Raisonnement Argumentation", premier sous-test du domaine, il évalue des capacités de raisonnement mais sur des informations spatiale, numérique et alphabétique. Il ne nécessite pas de connaissances approfondies ni de mathématique ni de logique. Plus concrètement, chaque question est constituée d'une liste de données possédant entre elles une ou plusieurs caractéristiques communes ou possédant un lien logique entre elles comme "lettres qui se suivent dans l'alphabet" ou "les chiffres se suivent de 2 en 2".

D'un point de vue statistique, il provoque entre 50% et 60% de bonnes réponses, entre 10% et 20% de mauvaises réponses et entre 25% et 35% de non-réponse. Il s'agit d'un sous-test assez facile. Comme pour les autres sous tests, nous allons expliciter les solutions de trois exemples de difficulté variable.

Exemple 1.

Enoncé:

		OUI		
		NHK		
ZDT	UEA	?	RGW	SHC
		LXO		
		KYQ		

Réponses proposées :
A) VFB   B) MHO   C) MFM   D) ZIK   E) MLM

Solution :
Dans cette question, il s'agit de déterminer la logique des deux séries de lettres horizontales et verticales afin de sélectionner parmi les cinq réponses proposées celle qui respecte la logique des deux séries. Le triplet recherché est représenté par un point d'interrogation. Ce type de question provoque des taux de bonnes réponses compris entre 50% et 60%, entre 10% et 15% de mauvaises réponses et entre 30% et 35% de non-réponse. Il s'agit d'une question de niveau de difficulté faible, compte tenu du faible taux de mauvaises réponses qu'elle provoque.

La difficulté de ce type d'épreuve est de déterminer le plus rapidement possible si le lien logique est à rechercher entre les triplets ou à l'intérieur du triplet. Dans cet exemple, le lien logique est à rechercher entre les lettres des triplets et pas à l'intérieur des triplets. La série verticale est constituée des triplets de lettres suivants : OUI, NHK, ?, LXO et KYQ. Les premières lettres de chaque triplet se suivent selon l'ordre inverse dans l'alphabet soit O, N, ?, L et K. La première lettre du triplet recherché est donc M. Les troisièmes lettres de chaque triplet se suivent dans l'ordre de l'alphabet en sautant une lettre à chaque fois, soit I, K, ?, O et Q. La troisième lettre du triplet recherché est donc M. La deuxième lettre du triplet est donnée par la recherche de la logique de la série horizontale de triplets.
La série horizontale est constituée des triplets suivants : ZDT, UEA, ?, RGW et SHC. Les deuxièmes lettres des triplets se suivent dans l'ordre de l'alphabet soit D, E, ?, G et H. La deuxième lettre du triplet recherchée est donc F.
En conclusion le triplet recherché est "MFM". La bonne réponse est C.

Exemple 2.

Enoncé :

```
            1456
            1144
6134  7007   ?    3214   8255
            1768
            1976
```

Réponses proposées
A) 4512   B) 1560   C) 5482   D) 1260   E) 1664

Solution :
Dans cette question il s'agit aussi de déterminer la logique de deux séries, mais de nombres, horizontale et verticale, afin de sélectionner parmi les cinq réponses proposées celle qui respecte la logique des deux séries. Le triplet recherché est représenté par un point d'interrogation.

A la différence de l'exemple précédent, le lien logique est à rechercher à l'intérieur des membres de la série. La série verticale est constituée des nombres suivants : 1456, 1144, ?, 1768 et 1976. Si l'on prend chaque nombre, il apparaît que $56 = 14 \times 4$, que $44 = 11 \times 4$, que $68 = 17 \times 4$ et que $76 = 19 \times 4$. En conséquence on cherche une suite de chiffres tels que les deux derniers constituent un nombre qui est le quadruple du nombre constitué par la suite des deux premiers chiffres. Parmi les réponses proposées, la B et la E remplissent cette condition. C'est l'analyse de la série horizontale qui va nous permettre de choisir entre les deux réponses possibles.
La série horizontale est constituée des nombres suivants : 6134, 7007, ?, 3214 et 8255. Si l'on prend chaque nombre il apparaît que dans 6134, $6 + 1 = 3+4$, que pour

7007, 7 + 0 = 0 + 7, que pour 3214, 3 + 2 = 1 + 4 et pour 8255, 8 + 2 = 5 + 5. En conséquence, on cherche une suite de chiffres telle que l'addition des deux premiers chiffres est égale à l'addition des deux derniers chiffres.

Parmi les deux réponses possibles selon la logique de la série verticale à savoir B et E seule la B respecte la logique de la série horizontale. La réponse B est 1560. On constate que 60 = 15 x 4 et que 5 + 1 = 6 + 0. La bonne réponse est la réponse B.

Exemple 3.

Enoncé:

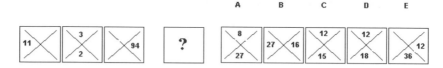

Ce type de question est constitué d'une série de carrés contenant des formes géométriques, des chiffres ou des lettres. Les trois premiers à gauche doivent permettre au candidat de trouver le lien logique (entre les carrés ou à l'intérieur du carré comme dans les deux exemples précédents) afin de déterminer parmi les cinq carrés réponses proposés à gauche, celui qui pourrait occuper la place du carré contenant un point d'interrogation.

Dans cet exemple, les carrés contiennent des croix et des chiffres. Les croix sont identiques dans tous les carrés, mais les chiffres sont différents et n'occupent pas toujours les mêmes cadrans. Le premier carré contient le nombre 11 et le deuxième les chiffres 3 et 2. Le troisième carré contient le nombre 94. On peut établir les deux séries de chiffres suivants : 1, 2 et 4 et 1, 3 et 9. La première série correspond au 1 de 11 puis le 2 est son double et le 4 le double de 2. La deuxième correspond au deuxième 1 de 11, puis le 3 est son triple et le 9 le triple de trois. En conséquence, la première série est constituée de chiffres tels que chacun est le double du précédent et la deuxième de chiffres tels que chacun est le triple du précédent. Par ailleurs, la série des doubles tourne dans le sens inverse des aiguilles d'une montre et la série des triples dans le sens des aiguilles d'une montre. Enfin, le 94 nous informe que la série des doubles tourne "à l'extérieur" et la série des triples "à l'intérieur".

En conclusion, la bonne réponse est le chiffre 8, double de 4, et le nombre 27, triple de 9. Le 8 doit occuper le cadran supérieur déterminé par la croix et le 27, le cadran inférieur. Parmi les cinq carrés réponses proposés, seul le carré A remplit toutes les conditions. La bonne réponse est la réponse A.

SE METTRE EN CONDITION PROCHE DE LA RÉALITÉ
DE LA PASSATION DU TEST **TAGE MAGE**

Dans cette dernière partie, vous disposez de deux exemplaires complets du TAGE MAGE afin que vous puissiez vous entraîner. Certes, il n'est pas possible de se mettre chez soi dans des conditions identiques à celles de la passation. Mais on peut toutefois s'en approcher, même si les conditions seront toutefois moins stressantes. Nous allons vous donner quelques conseils à cet égard.

Tout d'abord, avec l'exemplaire complet du TAGE MAGE vous trouverez une grille de réponses. Elle est destinée à un traitement optique automatique, d'où sa configuration particulière. Imprégnez-vous de cette grille afin d'éviter de perdre du temps lors de la passation en condition réelle.

Nous insistons sur ce fait : il y a beaucoup de raisons de rater la passation d'un test. Les maîtres mots de la réussite sont le calme et l'absence de précipitation, être méthodique et s'appliquer une discipline stricte dans la gestion du temps. Passez donc les sous-tests dans les conditions de temps prévu, soit strictement 20 minutes pour chacun des sous tests.

N'oubliez pas que le point le plus important n'est pas de savoir si vous pouvez trouver la solution à toutes les questions, mais à combien de questions vous pouvez répondre juste dans le temps imparti.

Il ne sert à rien de réapprendre toutes ses notions mathématiques si l'on ne s'entraîne pas aussi à être le plus rapide possible.

Au bout des 20 minutes, arrêtez-vous et passez au sous-test suivant. Quand vous avez terminé, comptabilisez vos bonnes et vos mauvaises réponses et calculez votre score global et par sous-test. Reposez-vous et réitérez la passation dans les mêmes conditions. Recommencez la passation tant que vous parvenez à améliorez vos scores.

Vous allez constater qu'après un certain nombre de passations vos scores auront tendance à stagner. Répertoriez alors les questions auxquelles vous n'êtes jamais parvenus à répondre et travaillez-les. Vous pourrez alors cerner les points qui vous posent problème.

Mais n'oubliez pas que le TAGE MAGE est un test d'aptitude ou de compétence et non un test de connaissances. En conséquence, on ne se prépare pas à TAGE MAGE comme l'on se prépare au Bac ou à un examen universitaire. Il n'y a pas de programmes. Aussi, la meilleure stratégie à adopter est-elle de s'imposer régulièrement de petits exercices de mathématique, de logique ou encore d'expression puisés dans des ouvrages variés, y compris scolaires, afin d'entretenir une certaine gymnastique de votre cerveau qui vous permettra de maximiser vos chances de réussite lors de votre passation de TAGE MAGE.

Vous avez à votre disposition deux tests TAGE MAGE pour vous entraîner.

Epreuve n°1 : Compréhension d'un texte écrit

Lecture de deux textes suivie par une série de questions sur les deux textes.

15 questions - 20 minutes.

Epreuve n°2 : Calcul

Cette épreuve évalue la maîtrise de connaissances simples dans les domaines de l'arithmétique, de la géométrie, de l'algèbre et du calcul.

15 questions - 20 minutes

Epreuve n°3 : Raisonnement

Epreuve de raisonnement logique qui ne nécessite pas de connaissance approfondie des principes fondamentaux de la logique formelle.

15 questions - 20 minutes.

Epreuve n°4 : Conditions minimales

Cette épreuve vise à contrôler la capacité d'analyse de la pertinence des informations en vue de la résolution d'un problème.

15 questions - 20 minutes

Epreuve n°5 : Expression

Epreuve destinée à tester l'aptitude à comprendre une information formulée dans un court message verbal puis à en trouver rapidement soit une reformulation conservant le sens initial, soit une reformulation meilleure par la correction et la précision, soit la suite probable dans le développement d'un message cohérent.

15 questions - 20 minutes.

Epreuve n°6 : Logique

Epreuve relative à des croisements de séries de chiffres, de lettres ou de graphiques.

15 questions - 20 minutes

Le temps total de passation sera donc de 6 x 20 minutes, soit 2 heures.

Test TAGE MAGE n°1

SOUS-TEST 1 : Compréhension d'un texte écrit

Durée : 20 minutes
15 questions

Consignes

Cette épreuve comporte deux textes numérotés 1 et 2. Chacun de ces textes est suivi d'une série de questions. Chaque question vous présente cinq propositions qui peuvent porter sur différents niveaux de lecture :
- Informations "isolées" contenues dans le texte ;
- Idées principales, traitées dans un ou plusieurs paragraphes ;
- Position de l'auteur telle qu'elle se reflète dans le texte, etc.

Parmi les cinq propositions présentées dans le cadre de chaque question, certaines sont en contradiction flagrante avec le texte ; d'autres abordent des aspects qui n'y sont pas traités ; d'autres encore se rapprochent plus ou moins de ce qui est exprimé - directement ou indirectement - dans ce même texte.

La seule proposition considérée comme exacte est celle qui se rapproche le plus de ce qui est dit dans le texte. Les quatre autres propositions sont considérées comme fausses.

Barème d'évaluation

Réponse exacte : + 4 points
Réponse inexacte : - 1 point
Absence de réponse ou réponse multiple : 0 point

La note finale de cette épreuve sera comprise entre - 15 et + 60.

L'utilisation de la calculatrice n'est pas autorisée

Ce texte retranscrit la réponse d'un juriste à la question d'un journaliste concernant l'évolution du droit du travail.

- Entre le salariat et le travail indépendant, voit-on émerger de nouveaux statuts ?

Je crois que la subordination à vie n'est pas un idéal insurpassable. Dans le modèle de l'Etat-providence, le travail était le lieu d'un échange fondateur entre dépendance économique et sécurité sociale. Certes, celui qui avait un emploi se soumettait au pouvoir d'autrui, mais se voyait garantir en retour les conditions d'une vie sociale.

Les bases de ce pacte fondateur sont aujourd'hui remises en question. La pression économique est plus forte que jamais (pour ceux qui ont un emploi comme pour ceux qui n'en ont pas), mais elle n'est plus compensée par une sécurité d'existence. On peut douter de la viabilité d'un tel modèle. On ne peut pas demander aux gens d'être responsables sans leur reconnaître des droits. On ne peut pas les faire travailler efficacement avec un revolver sur la tempe.

Nous avons conduit notre réflexion autour de la notion d' « état professionnel des personnes ». Parler d'état professionnel implique une continuité de droits sur la longue durée. Il faut se donner les moyens de garantir une trajectoire qui inclut des périodes de salariat, de formation, de travail indépendant. Nous avons essayé de penser des moyens de transition d'une situation à l'autre.

De la pratique émergent ce que nous proposons d'appeler des « droits de tirage sociaux ». Provisionnés par des moyens très divers (argent public, argent de la Sécurité Sociale, de l'employeur ou d'organismes paritaires, comptes épargne-temps, etc.), ces droits permettent au salarié d'exercer certaines libertés, de se former, d'entreprendre, de se consacrer à sa vie familiale ou à une activité désintéressée et d'être assuré de retrouver ensuite sa place sur le marché du travail. Ce type de droits permet d'instituer un triangle « liberté-sécurité-responsabilité ».

Une telle approche permet de répondre à la question de savoir s'il faut revenir à un droit du travail qui se resserre sur sa base historique -celle du subordonné considéré comme irresponsable- ou bien si le droit du travail doit prendre en compte des situations qui ne répondent plus à ce modèle.

Nous avons pris clairement parti là-dessus. Le droit du travail doit, pour redevenir un facteur de cohésion sociale et être fidèle à son nom, être le droit de toutes les formes de travail, ce qui implique évidemment une modification de son contenu.

Nous préconisons de lier très fortement cette évolution au pouvoir de requalification du juge. Il ne faut pas laisser l'employeur et l'employé en décider seul. A condition de maintenir ce verrou solidement fermé, il est possible de s'engager vers un droit du travail qui ajuste le niveau de protection au besoin de protection et qui fasse place au travail indépendant ou semi-indépendant.

Question 1. Quels sont les modes de financement envisageables pour les « droits de tirage sociaux » ?
      1) Argent public.
      2) Argent privé.
      3) Moyens non-financiers.
A. Uniquement 3
B. 1+3
C. 1+2+3

D. 1+2

E. Uniquement 1

Question 2. Quelles sont les caractéristiques de la « pression économique » aujourd'hui ?

      1) Elle pèse à la fois sur l'ensemble de la population active.

      2) Elle n'est compensée par aucune garantie.

      3) Elle rend les gens plus responsables.

A. 1+3

B. 1+2

C. 2+3

D. Uniquement 2

E. Uniquement 1

Question 3. D'où émergent les « droits de tirage sociaux » ?

A. Des revendications des salariés.

B. De la jurisprudence.

C. Des conflits sociaux.

D. Du débat politique.

E. De l'observation de l'existant.

Question 4. Parmi les 5 objectifs du nouveau droit du travail figurant ci-dessous, un seul n'est pas préconisé par le texte. Lequel ?

A. Adapter la protection aux besoins réels des bénéficiaires.

B. Se recentrer sur sa base historique.

C. Instituer un triangle liberté-sécurité-responsabilité.

D. Codifier la notion « d'état professionnel des personnes ».

E. Devenir le droit de toutes les formes de travail.

Question 5. Quelle était la conception du travail dans le cadre de l'Etat-providence ?

A. Le cadre d'un échange.

B. La valeur culturelle suprême.

C. Un droit imprescriptible.

D. Un mal nécessaire.

E. Une garantie de réussite sociale.

Question 6. Les caractéristiques de « l'état professionnel des personnes ».

      1) Il s'inscrit dans le moyen terme.

      2) Il inclut les indemnités chômage.

      3) Il permet une alternance entre différents types d'activité.

A. 1+2

B. Uniquement 1

C. Uniquement 3

D. 1+2+3

E. 1+3

Question 7. Quels sont les protagonistes sur lesquels le nouveau droit du travail doit s'appuyer tout particulièrement ?
A. Les comités d'entreprise, le Ministère du Travail, les juges.
B. Les syndicats, l'Etat, la magistrature.
C. Le patron, le travailleur, le juriste.
D. L'employeur, l'employé, le juge.
E. Les juristes, les chercheurs en sociologie, le Conseil d'Etat.

C'est un rêve commun aux éducateurs, aux managers, aux parents : trouver le secret de la motivation.
Au fond, vouloir motiver les autres relève d'une bonne intention. A l'heure où il n'est plus de mise de contraindre et de commander, il s'agit de pousser autrui à agir sans le forcer. Simplement en le stimulant et en l'encourageant. Or, disons-le d'emblée, malgré les décennies de recherches sur la motivation, les études n'ont pas abouti à un résultat probant.
A lire les manuels (sérieux) de psychologie du sport, d'éducation, de gestion des ressources humaines, on retrouve pourtant quelques règles fondamentales pour « gérer » les motivations.
Il est vain, admet-on aujourd'hui, de rechercher une clé ultime des motivations. Car chaque activité complexe (étude, sport, travail…) combine une multitude de motifs qui s'enchevêtrent. Le jogger qui s'entraîne à la course des heures durant est mû par plusieurs mobiles : le goût du dépassement de soi, la volonté de « décompresser » après le travail, le plaisir de la compétition, etc.
Un élève qui accumule les mauvaises notes ne peut durablement s'investir à l'école ; un employé qui ne reçoit aucune gratification, un sportif qui ne progresserait jamais seront vite démobilisés. C'est pourquoi, gérer les motivations suppose de savoir fixer des objectifs accessibles et des buts concrets, ouvrant à des récompenses matérielles et symboliques pour entretenir la motivation.
Le milieu est essentiel. La motivation ne peut s'appuyer que sur la seule volonté individuelle, toujours fragile. Les sportifs, les musiciens le savent bien : la motivation découle en grande partie de l'existence de clubs, de stages, des lieux de rencontre où une personne peut vraiment entretenir de nouvelles sources de motivation. L'entraînement solitaire, les injonctions personnelles pèsent de peu de poids face à un milieu hostile ou indifférent à ses projets.
Le leadership est un autre facteur de la motivation. Le coach, l'éducateur, le manager ont une influence déterminante sur la motivation d'autrui : positivement ou négativement. Il existe plusieurs types de leadership, charismatique, paternaliste, autoritaire, démocratique… contrairement à une idée reçue il n'y a pas, au regard de la motivation, de style plus ou moins bon de leadership. Tout dépend de l'activité considérée, de la psychologie des participants, du cadre social.
Il semble que le critère central soit la motivation du leader lui-même et l'exemple pratique qu'il donne. On influe plus sur autrui par ce que l'on fait que par ce qu'on dit. Les véritables chefs qui savent entraîner leurs troupes sont ceux qui s'impliquent, participent, contrôlent, et sont eux-mêmes passionnés par ce qu'ils font.

Question 8. Peut-on imaginer que la science puisse, un jour, percer complètement le secret de la motivation ?
A. Oui, dans un avenir relativement proche.
B. Peut-être, mais seulement dans le long terme.
C. Probablement jamais, et c'est bien mieux ainsi.
D. Sans doute, mais personne ne sait exactement quand.
E. Cet aspect n'est pas abordé dans le texte.

Question 9. Que dire de la volonté individuelle en tant que facteur de motivation ?
A. C'est un facteur aussi efficace que les autres.
B. Le texte ne prend pas position à ce sujet.
C. Elle est fragile dans tous les cas de figure.
D. Elle constitue le fondement de la motivation.
E. Elle est à la fois forte et fragile.

Question 10. Comment le texte propose-t-il de gérer les motivations ?
   1) En fixant aux individus des objectifs difficiles à atteindre.
   2) En jouant sur le désir d'être admiré.
   3) En prévoyant des gratifications en cas de réussite.
A. Uniquement 3
B. 1+2
C. Uniquement 2
D. 2+3
E. 1+3

Question 11. Quel effet l'environnement a-t-il sur la motivation ?
A. C'est un facteur ni meilleur, ni moins bon qu'un autre.
B. C'est un facteur d'importance majeure.
C. C'est le facteur-clé, mais dans certains cas seulement.
D. A la réflexion, c'est le seul facteur qui compte vraiment.
E. C'est un facteur très à la mode en ce moment.

Question 12. Lequel de ces résumés est le plus fidèle au texte ?
A. Les sciences mettent peu à peu à jour les secrets de la motivation. En combinant la théorie et la pratique, on apprend progressivement à maîtriser parfaitement la motivation.
B. Il existe aujourd'hui une psychologie de la motivation. Elle nous apprend à motiver efficacement en prenant en compte le caractère des personnes et leur contexte professionnel.
C. Aujourd'hui, la science ne s'intéresse plus vraiment à la motivation, laissant le champ libre aux praticiens : ceux-ci modélisent peu à peu les situations concrètes qu'ils ont l'occasion d'observer.
D. La motivation restera toujours un mystère pour la science. Les critères de motivation sont nombreux, complexes et instables. On ne sait jamais vraiment comment on a pu arriver à motiver quelqu'un.

E. Aucune science n'a pu dévoiler les secrets de la motivation. A défaut de modèle scientifique, on peut cependant tirer de nombreuses leçons à partir de l'observation.

Question 13. Comment le texte présente-t-il le leadership ?

    1) Il résulte de 50% de persuasion et 50% d'exemple.

    2) Le leadership doit être adapté à la compétence et à l'autonomie des personnes.

    3) A chaque époque, il y a un style de leadership dominant.

A. 1+2+3
B. 1+3
C. Uniquement 2
D. Ni 1, ni 2, ni 3
E. 1+2

Question 14. Dans quelle mesure la réussite est-elle un facteur de motivation ?
A. Pas dans tous les cas, car l'échec peut lui aussi être motivant.
B. L'absence prolongée de réussite est un danger pour la motivation.
C. La réussite est synonyme de motivation.
D. La réussite permanente peut, dans certains cas, susciter la démotivation.
E. Pour être motivante, la réussite doit résulter d'un dépassement de soi.

Question 15. Choisissez le titre qui reflète le mieux l'orientation générale du texte :
A. La motivation met la science en échec.
B. Motiver : un rêve inaccessible.
C. Motiver : une affaire de volonté.
D. La motivation : histoire d'un demi-échec.
E. La motivation : mode d'emploi.

SOUS-TEST 2 : CALCUL

Durée : 20 minutes
15 questions

Consignes

Cette épreuve est constituée de 15 questions pour lesquelles vous disposez de 20 minutes.

Barème d'évaluation

Réponse exacte :   + 4 points
Réponse inexacte :   - 1 point
Absence de réponse ou réponse multiple :   0 point

La note finale de cette épreuve sera comprise entre - 15 et + 60.

L'utilisation de la calculatrice n'est pas autorisée

Question 16.
Une salle contient des tables toutes identiques. Un groupe de personnes désire occuper cette salle afin d'y tenir une réunion. Si cinq personnes s'installent par table, il reste une table vide. Mais si quatre personnes s'installent par table alors cinq personnes devront rester debout. Quel est le nombre de tables contenues dans cette salle ?
A) 10   B) 8   C) 11   D) 9   E) 12

Question 17.
Quel est le taux mensuel d'un placement financier équivalent à un taux annuel de 12% ?
A) 1%   B) 1,15%   C) 0,95%   D) 1,25%   E) 0,75%

Question 18.
La production d'une entreprise a baissé en un an de 1/7. Elle est pour cette année de 2400 unités. Quelle était sa production l'année dernière ?
A) 2225   B) 2742   C) 2600   D) 2588   E) 2800

Question 19.
Sur la figure représentée ci-dessus, l'angle BAC est un angle droit et seules les indications de dimensions sont exactes.

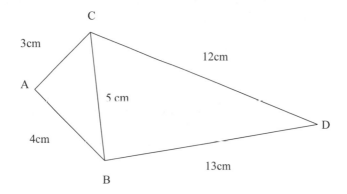

Parmi ces cinq propositions, quelle est la seule qui est fausse ?

A) BCD est un triangle rectangle en C
B) CBD est un angle aigu
C) ACD est un triangle rectangle
D) L'aire du triangle BCD est égale à 5 fois celle du triangle ABC
E) L'aire du triangle ABC est égale à 6cm^2

Question 20.
Les pièces de 0,50€ et 0,20€ pèsent respectivement 10g et 8g. Combien doit-on avoir de pièces pour disposer d'une somme de 46€ correspondant à un poids de 1280g ?
A) 56   B) 146   C) 135   D) 154   E) 92

Question 21.
Dans une industrie pharmaceutique, la production de 1997 a été de 15% supérieure à celle de 1996 et celle de 1998 est de 10% inférieure à celle de 1997.
Quel pourcentage de la production de 1996 fut-il réalisé en 1998 ?
A) 97,3   B) 108   C) 105   D) 103,5   E) 98,5

Question 22.
Un vendeur de postes de radio veut lancer un nouveau modèle qui existe sous deux versions. Dans la première version, son fonctionnement nécessite deux piles alors que dans la deuxième, il nécessite trois piles plus petites. Il commande à son fournisseur un stock de postes de ce nouveau modèle pour l'ensemble desquels il a besoin de 3500 piles. Sachant qu'il a commandé deux fois plus de versions « 2 piles » que de versions « 3 piles », combien a-t-il commandé de versions « 2 piles » ?
A) 1000   B) 500   C) 950   D) 1650   E) 2000

Question 23.
Sur un circuit André et Bernard ont effectué un relais à bicyclette. André a effectué un tour à la vitesse moyenne de 30 km/h, et Bernard a effectué 2 tours à la vitesse moyenne de 50 km/h. Quelle est la vitesse moyenne en km/h de l'équipe André Bernard sur l'ensemble des 3 tours ?
A) 37,2   B) 40   C) 40,9   D) 43,3   E) 44,1

Question 24.
Un vol direct Paris-New-York dure 6h23. Il part à 7h38 de Paris. A quelle heure locale arrive-t-il à New-York ? (On prendra un décalage horaire de 6h entre Paris et New-York)
A) 20h01   B) 8h01   C) 9h01   D) 21h01   E) 7h51

Question 25.
Il y a 4 ans c'était le centenaire de la naissance de M. Dupont qui a vécu 72 ans. Dans combien d'années célébrera-t-on le cinquantenaire de sa mort ?
A) 24   B) 16   C) 26   D) 22   E) 18

Question 26.
Un tonneau d'une capacité de $1m^3$ est rempli de vin. Combien de bouteilles de 75cl permettra-t-il de remplir complètement ?

A) 1333   B) 133   C) 1250   D) 125   E) 12500

Question 27.
Le champ de M. Dupont est rectangulaire. Suite à un achat de la commune, ce champ est toujours rectangulaire, la longueur a diminué de 5% et la largeur a diminué de 10%.
Quel est en pourcentage la réduction de la superficie ?
A) 13   B) 13,5   C) 14   D) 14,5   E) 15

Question 28.
Au début de la saison de chauffage, la cuve de fuel de M. Dupont d'une capacité de 1000 litres est pleine. Alors que la cuve est encore pleine au quart, M. Dupont fait le plein avec un tarif de 2,10 francs le litre. A la fin de la saison de chauffage, la cuve est pleine au cinquième, et M. Dupont fait le plein au tarif de 2,80 francs le litre. Quelle est en francs sa dépense de fuel pour cette période ?
A) 3790   B) 3815   C) 3925   D) 4110   E) 4225

Question 29.

$$\cfrac{\dfrac{2}{3} + \dfrac{1}{4}}{\dfrac{2}{5} + \dfrac{5}{6}} = ?$$

A) 0,77   B) 0,97   C) 1,34   D) 1,02   E) 0,88

Question 30.
Avec l'argent qu'il a en poche, Paul peut acheter exactement 24 bonbons. S'il achète un gâteau à 3,60€, il ne peut plus acheter qu'exactement 12 bonbons. Quel est en centimes le prix d'un bonbon ?

A) 20   B) 25   C) 30   D) 35   E) 40

SOUS-TEST 3 : RAISONNEMENT / ARGUMENTATION

Durée : 20 minutes
15 questions

Consignes

Cette épreuve comporte 15 questions constituées chacune d'un paragraphe de quelques lignes et d'une question. Ces questions sont des questions de raisonnement qui ne nécessitent pas une connaissance approfondie de la logique formelle. Il est fortement conseillé aux candidats de lire et de relire très attentivement les paragraphes ainsi que les questions avant que d'y répondre.

Cinq propositions de réponses sont formulées. Une seule est acceptable en fonction du paragraphe et de la question. Certaines traduisent une parenté de formulation aussi il est fortement conseillé, là encore, de lire et de relire très attentivement les cinq propositions de réponses.

Barème d'évaluation

Réponse exacte :   + 4 points
Réponse inexacte :   - 1 point
Absence de réponse ou réponse multiple :   0 point

La note finale de cette épreuve sera comprise entre - 15 et + 60.

L'utilisation de la calculatrice n'est pas autorisée

Question 31. La baisse des prélèvements sociaux est le vœu répété des gouvernements. Leurs décisions vont pourtant rarement dans ce sens. La raison évoquée est qu'il faut une croissance du PIB supérieure à 3% pour baisser la pression fiscale sur les ménages et les entreprises. Cette année l'espoir de croissance ne sera pas supérieur à 2,5%.

Parmi ces cinq raisonnements quel est celui qui est utilisé dans cette argumentation ?

(A) Après trois semaines d'entraînement, Marc est plus performant que Jean et ce dernier moins performant que Richard.
(B) Si j'ai plus de douze en mathématiques je pourrai passer en deuxième année. Ma note à l'examen a été de 12,7.

(C) Le déficit de la SNCF n'est pas supérieur à celui de la RATP et le déficit d'Antenne 2 n'est pas inférieur à celui de la RATP.
(D) Si le temps le permet les vendanges commenceront dans une quinzaine de jours. La météo prévoit pour tout le mois à venir une météo déplorable.
(E) La production de Ford a été dépassée par celle de Toyota et celle de Toyota a été dépassée par celle de General Motors.

Question 32. Il est courant d'entendre un enseignant se plaindre du fait que les élèves ne retiennent pas les savoirs. On a beau leur répéter inlassablement mais les informations semblent traverser leur cerveau sans s'y arrêter. Mais tout ceci, c'est oublier que l'appropriation d'un savoir nécessite d'être actif et non un récepteur passif sans motivation.

Parmi ces cinq propositions quelle est celle qui défend le mieux le point de vue ci-dessus ?

(A) C'est en admirant le maître que l'on acquiert son savoir.
(B) Le savoir n'est pas un sédiment, il est vivant, il est comme un organisme, il est spécifique à chaque individu.
(C) L'enseignant compétent est l'enseignant instruit, s'il maîtrise bien un savoir il saura bien le transmettre.
(D) L'école est un endroit démotivant, les élèves y perdent le goût d'apprendre.
(E) Il n'y a pas de mauvais élèves, il n'y a que des enseignants qui renoncent.

Question 33. Au mois de mars 1999, on pouvait lire, dans un journal le propos suivant : « peu d'élus soutiennent l'idée d'une intervention terrestre des forces de l'OTAN au Kosovo. Selon un sondage sur une centaine d'élus, trois seulement ont témoigné publiquement souhaiter une telle intervention. Ce sondage est le reflet fidèle de l'opinion publique qui soutient une intervention aérienne».

Parmi ces cinq conclusions quelle est celle qui peut être tirée de ce propos ?

(A) Une intervention terrestre est la seule solution pour résoudre le problème du Kosovo.
(B) Une intervention terrestre provoquerait de nombreuses morts et l'opinion publique, si elle accepte l'idée d'une telle intervention n'accepte pas l'idée de payer un coût humain élevé.
(C) L'opinion publique est fondamentalement pacifiste.
(D) Les élus sont parfois en accord avec l'opinion publique.
(E) Si l'opinion publique changeait, l'OTAN pourrait être amenée à mettre fin à son intervention aérienne.

Question 34. Beaucoup de Français pensent encore que la propriété terrienne est le bien le plus sûr et le plus enrichissant. Mais, la personne informée sait que moins un placement possède de risque et moins il est rentable. La véritable source d'un enrichissement conséquent se trouve à la Bourse. Mais dans ce temple le bien le plus précieux n'est pas l'argent mais les informations et la prompte décision.

Avec laquelle de ces cinq propositions l'auteur de ce propos serait-il d'accord ?

(A) Pour s'enrichir, il faut savoir décider vite de l'achat d'une propriété terrienne.
(B) La propriété terrienne ne peut pas être source d'enrichissement car sa vente prend trop de temps.
(C) Le risque est la plupart du temps source de paupérisation.
(D) L'information dans le monde moderne est la marchandise qui coûte le plus cher.
(E) Placer de l'argent en bourse n'est pas la condition essentielle pour s'enrichir.

Question 35. A la caisse d'un supermarché trois clientes attendent pour régler leur achat. Elles ont toutes les trois la même robe mais de couleur différente. Une dame porte un chapeau et une autre des lunettes. La dame blonde porte une robe rouge. La dame à lunettes est brune. La dame rousse est en deuxième position. La dame qui porte une robe verte n'est pas entre les deux autres. La dame qui porte un chapeau est en première position.

Quelle conclusion peut-on tirer ?

(A) La dame brune est en première position.
(B) La dame au chapeau est blonde.
(C) La dame aux lunettes ne porte pas la robe verte.
(D) Les couleurs des robes sont le bleu, le vert et le rose.
(E) La dame en troisième position porte la robe bleue.

Question 36. La France a décidé de se doter d'une armée de métier. Cette décision repose sur l'idée que les interventions militaires modernes nécessitent une logistique en matériels et en hommes extrêmement sophistiquée qui réclame des militaires un haut niveau d'étude et de spécialisation professionnelle. Une armée d'appelés, sans cesse renouvelée, ne permet donc pas de remplir les conditions pour posséder une défense compétente et performante.

Selon cette argumentation quelle est la proposition qui peut être considérée comme fausse ?

(A) Les appelés n'ont pas un niveau d'étude suffisant pour affronter les conditions d'un conflit moderne.
(B) La transformation de notre armée de conscription en armée de métier était inévitable.
(C) Le matériel militaire est très sophistiqué.

(D) Le danger d'une armée de métier est l'isolement des militaires de la société.
(E) Il y a certains appelés qui possèdent le niveau professionnel nécessaire à une armée de métier.

Question 37. Au Parlement européen de Strasbourg trois députés dont les initiales des noms sont P, B et N comparent le niveau de richesse respectif de leur pays. La conclusion est la suivante : « c'est la Grande Bretagne la plus riche ». Plus précisément, le pays de P n'est pas plus riche que le pays de B et ce dernier n'est pas plus pauvre que le pays de N.

Qui, de P, B ou N, est (ou sont) de nationalité britannique ?

(A) P
(B) B
(C) N
(D) P et N
(E) Il est impossible de le déterminer

Question 38. L'entreprise de transport public d'une ville moyenne a connu jusqu'à l'année dernière une suite d'années noires de bilans déficitaires malgré une augmentation régulière des usagers. L'arrivée à la direction d'un manager aux méthodes jugées brutales par le personnel, a permis le retour à l'équilibre et pour la première fois depuis dix ans un fort bénéfice.

Parmi ces cinq propositions quelle est celle qui peut être déduite de cette argumentation ?

(A) Seules des méthodes brutales permettent de sauver une entreprise.
(B) L'apparition de bénéfices est due à l'augmentation du nombre d'usagers.
(C) Rien ne permet de dire que l'amélioration est durable et liée à l'arrivée d'un nouveau manager.
(D) Seul le nouveau manager est responsable de l'amélioration de la situation de l'entreprise.
(E) L'amélioration est due à l'arrivée d'un nouveau manager et à l'augmentation du nombre d'usagers.

Question 39. Quatre amis, Jonathan, Pierre, Kevin et Geoffrey ont 23, 31, 48 et 55 ans. Jonathan rencontre souvent son ami de 31 ans avec Kevin. Kevin et Jonathan vont souvent manger chez leur ami de 55 ans. Ce dernier avec le plus jeune des quatre mange une fois par an, toujours dans le même restaurant, avec les deux autres, Pierre et Kevin.

Qui a 48 ans ?
(A) Kevin.
(B) Il n'est pas possible de répondre.

(C) Jonathan.
(D) Geoffrey.
(E) Pierre.

Question 40. Une recherche tend à prouver que l'évaluation subjective du diamètre d'une pièce de monnaie est différente selon que l'évaluateur est riche ou pauvre. Une personne a faible revenu a tendance à donner un diamètre plus grand qu'une personne à fort revenu. En fait, on peut dire que si la valeur objective de l'argent est constante, sa valeur subjective est variable. Comme quoi, ici encore, tout est relatif !

Quelle est la conclusion que l'on peut tirer ?

(A) L'argent ne fait pas le bonheur.
(B) L'argent ne fait pas le bonheur mais y contribue.
(C) La pauvreté est subjective mais la richesse est objective.
(D) Notre perception dépend de notre histoire personnelle.
(E) Notre perception des objets nous est suggérée par autrui.

Question 41. Que se passe-t-il lorsqu'un poste à pourvoir exige une bonne compétence en anglais et que le candidat qui correspond le mieux n'a pas une maîtrise complète de la langue ? A cela le cabinet Michael Page répond : « Si vous avez besoin d'embaucher un juriste spécialisé dans le droit anglo-saxon, vous cherchez une maîtrise de la lecture des textes, si vous cherchez un commercial qui va partir au bout du monde, vous lui demanderez surtout une très forte capacité à pouvoir « se débrouiller » en anglais.

Vers quelle conclusion s'oriente ce passage ?

(A) Un anglais approximatif est suffisant dans la pratique des affaires internationales vu que la plupart du temps il ne s'agit pas de communiquer avec de véritables Anglais.
(B) Le meilleur candidat ne sera pas seulement bilingue, mais aussi biculturel.
(C) Une excellente compétence en anglais est de nos jours une condition sine qua non pour tout poste à responsabilités importantes.
(D) Le meilleur moyen de vérifier la compétence réelle d'un candidat est de mener en anglais une partie de l'entretien d'embauche.
(E) L'expertise linguistique dépend des besoins de l'entreprise.

Question 42. Sur le marché du travail, 83% des femmes allemandes sans enfants âgées de 20 à 45 ans sont actives, contre 78% des Françaises. Mais leur taux d'activité s'effondre avec l'arrivée des enfants, alors qu'il résiste en France : 58% des femmes allemandes disent avoir abandonné leur emploi à cause de leur enfant contre 33% chez les Françaises. En effet, le système (social, fiscal et scolaire) incite les mères allemandes à rester chez elles.

Quelle information soutient <u>le moins</u> la conclusion ?

(A) Le congé de maternité (avec indemnité de salaire) passe de 14 semaines à 18 en cas de prématuré ou de jumeaux.

(B) Les mères peuvent bénéficier d'un congé parental d'éducation (avec allocation pendant les deux premières années).

(C) Les enfants de 3 à 6 ans placés en maternelle doivent être récupérés à l'heure du déjeuner.

(D) Dans l'enseignement primaire, les enfants sont renvoyés chez eux à partir de 13 heures.

(E) Les petits emplois à temps partiel de moins de 15 heures / semaine ou moins de 320 euros / mois ne sont pas imposables.

Question 43. Le collégien et le lycéen sont des individus sous haute surveillance : surveillance parentale et surveillance scolaire se conjuguent pour les maintenir dans un état permanent de visibilité complète. Face à la surveillance des parents et à celle des professeurs, l'adolescent, passant d'un espace privé à un espace public, s'efforce de soustraire ce que les uns savent à l'observation des autres.

Vers quelle conclusion tend ce passage ?

(A) Les établissements publics surveillent moins les élèves que les établissements privés.

(B) Les parents d'élève devraient pouvoir intervenir davantage dans l'administration des établissements scolaires.

(C) Le secret absolu et la liberté totale ne peuvent exister que dans un désert.

(D) Le cloisonnement de la surveillance garantit l'intimité des élèves.

(E) La coopération entre les enfants et les éducateurs est souhaitable pour améliorer l'école.

Question 44. Plusieurs modes d'intervention peuvent résoudre les urgences sanitaires de la vie quotidienne (accidents, brûlures, plaies, etc.). Mais de multiples causes amènent les patients à négliger le médecin généraliste qui pourrait les prendre en charge et à appeler à tort et à travers les pompiers pour des missions qui ne sont pas les leurs, ou à engorger les services d'urgence des hôpitaux souvent saturés.

Quelle cause soutient <u>le moins</u> la conclusion ?

(A) La méconnaissance par les usagers des missions exactes de chacun des acteurs de santé (SAMU, médecins, pompiers, hôpitaux).

(B) La demande d'actes techniques (comme la radiographie) même lorsqu'ils ne sont pas indispensables.

(C) La moindre considération d'une médecine passe-partout.

(D) La précarité croissante des patients qui ne peuvent avancer le prix d'une consultation.
(E) Le caractère moins rémunérateur d'une intervention médicale nécessitant plus de temps que les consultations ordinaires.

Question 45. En l'absence de critères juridiques rigoureux pour définir le type de lieux pouvant être filmés, la loi a permis la multiplication des caméras : des quais de gare aux rayons de supermarchés, des stations-service aux tribunes du Stade de France, la vidéosurveillance se banalise, justifiée en tous lieux comme une réponse à l'aspiration collective au renforcement de la sécurité.

Quelle information soutient le mieux la conclusion ?

(A) Le contrôle des procédés de fabrication est l'un des motifs d'équipement vidéo en pleine expansion.
(B) La RATP a pu fournir ses films de vidéo à la société de nettoyage Comatec qui voulait identifier des grévistes.
(C) Dans le métro parisien 83% des incidents sont détectés par la vidéo.
(D) La vidéosurveillance permet de réduire les effectifs de gardes dans les hôpitaux.
(E) La vidéosurveillance a un effet de dissuasion sur le coulage et l'absentéisme.

SOUS-TEST 4 : Conditions minimales

Durée : 20 minutes
15 questions

Consignes

Chacun des 15 problèmes qui suivent comporte une question et deux informations étiquetées (1) et (2). Vous devez décider si ces informations sont suffisantes pour répondre à la question.
Vous cocherez :
A) Si l'information (1) permet **à elle seule** de répondre à la question, et si l'information (2) à elle seule ne permet pas de répondre à la question.
B) Si l'information (2) permet **à elle seule** de répondre à la question, et si l'information (1) à elle seule ne permet pas de répondre à la question.
C) Si les deux informations (1) et (2) **ensemble** permettent de répondre à la question, et aucune séparément ne le peut.
D) Si **chaque** information permet séparément de répondre à la question.
E) Si les deux informations **ensemble** ne permettent pas de répondre à la question.

Barème d'évaluation

Réponse exacte :	+ 4 points
Réponse inexacte :	- 1 point
Absence de réponse ou réponse multiple :	0 point

La note finale de cette épreuve sera comprise entre - 15 et + 60.

L'utilisation de la calculatrice n'est pas autorisée

Question 46.
Pierre possède des billes vertes et bleues. Après avoir affronté un camarade il a perdu 13 billes. Combien de billes lui reste-t-il ?
(1) Son nombre de billes vertes a diminué de 16 unités.
(2) Son nombre de billes bleues a augmenté de 3 unités.

Question 47.
Deux cyclistes partent en même temps de deux villes A et B, séparées d'une distance de
258km. A quelle distance de A se croiseront-ils ?

(1) La vitesse du cycliste partant de B est égale à la moitié de celle du cycliste partant de A.
(2) Le cycliste partant de A aura parcouru plus de 150km quand il croisera l'autre cycliste.

Question 48.
Deux boîtes de confiseries, respectivement de couleur rouge et bleue contiennent des chocolats et des pâtes de fruit. Combien la boîte bleue contient-elle de chocolats ?
(1) La boîte rouge contient 25 chocolats et vaut 102,50F
(2) La boîte de couleur bleue contient 20 pâtes de fruit et vaut 82,50F.

Question 49.
Quelle est la valeur de x ?
(1) x est un multiple de 7.
(2) x est un multiple de 11 et x est inférieur à 100.

Question 50.
Jean dit à Paul : « si tu me donnes 6 billes, alors j'en aurais autant que toi ».
Combien Paul a-t-il de billes ?
(1) Paul a trois fois plus de billes que Jean.
(2) Si Jean donne à Paul 6 billes, Jean n'aura plus aucune bille.

Question 51.
En séance au Parlement Européen, on dénombre dans l'hémicycle 66 femmes de plus que d'hommes. Combien y a-t-il de femmes dans l'hémicycle ?
(1) Le nombre d'hommes est un multiple de 6.
(2) Le nombre d'hommes correspond à la moitié du nombre de femmes.

Question 52.
Dans un magasin, en achetant une carte de fidélité, on a droit à une réduction sur tous ses achats. Quel est le pourcentage de réduction ?
(1) Le coût de la carte est amorti à partir de 2000F.
(2) La carte coûte 40F

Question 53.
Quel est le nombre entier à 3 chiffres commençant par le chiffre 2 ?
(1) Ce nombre est divisible par 9.
(2) Ce nombre est divisible par 5.

Question 54.
Annie, Béatrice, Julie, André et Bernard déjeunent et sont les seuls occupants d'une table ronde. Julie est-elle assise à côté d'un garçon ?
(1) André est assis entre Annie et Béatrice.
(2) André et Bernard ne sont pas assis à côté l'un de l'autre.

Question 55.
Partant d'une ville A, Xavier et Yves se rendent dans une ville B. Lequel des deux arrive le premier ?
(1) Xavier est parti avant Yves.
(2) La vitesse moyenne d'Yves a été de 5km/h supérieure à celle de Xavier.

Question 56.
Deux plateaux A et B fabriqués dans le même bois ont la même épaisseur. Quel est le poids du plateau A ?
(1) A est rectangulaire de longueur 80 cm et de largeur 40 cm.
(2) B pèse 12 kg et sa surface est de 6 m^2.

Question 57.
Pierre a 15 ans. Quel est l'âge de Jean ?
(1) Dans 6 ans, Jacques aura l'âge de Jean aujourd'hui.
(2) Il y a deux ans Pierre avait l'âge de Jacques aujourd'hui.

Question 58.
Deux cercles sont concentriques. Quelle est la différence de leur périmètre ?
(1) La différence de leur rayon est de 10 cm.
(2) La surface du plus petit cercle est de 31,4 cm^2.

Question 59.
Quel est le plus grand de 3 nombres entiers positifs ?
(1) Leur produit est égal à 60.
(2) Les deux plus petits nombres sont égaux et pairs.

Question 60.
Tous les élèves d'une classe, sauf Jacques malade, ont passé le contrôle de mathématiques ; la moyenne des notes est de 12,5 sur 20. Jacques passe une épreuve de rattrapage et obtient la note de 15 sur 20. Que devient la moyenne des notes sur l'ensemble des élèves ?
(1) Jacques a eu la meilleure note de classe.
(2) Le nombre total d'élèves dans la classe est de 30.

SOUS-TEST 5 : Expression

Durée : 20 minutes
15 questions

Consignes

Cette épreuve comporte différents types d'exercices :
1. Evaluer le degré de synonymie dans les reformulations.
2. Choisir la formulation qui reprend le mieux (correction et clarté) l'énoncé initial.
3. Choisir les mots qui assurent la cohérence du texte.

Attention !
- Soyez rapide.
- Soyez attentif aux consignes de chaque exercice.

Barème d'évaluation

Réponse exacte :   + 4 points
Réponse inexacte :   - 1 point
Absence de réponse ou réponse multiple :   0 point

La note finale de cette épreuve sera comprise entre - 15 et + 60.

L'utilisation de la calculatrice n'est pas autorisée

Recherche de synonymie
Consigne de 61 à 65 : Choisissez la reformulation dont le sens se rapproche le plus du passage souligné.

Question 61.
Si l'art du management est bien celui de la gestion des hommes, un bon manager sera à coup sûr celui qui parviendra à motiver son équipe pour arriver à un but précis, en optimisant la participation de chacun. Pour ce faire, on ne travaille plus dans les entreprises comme il y a 30 ans : la légitimité hiérarchique ne suffit plus, la coercition n'est plus de mise.
A). on ne parie plus sur la cogestion.
B). l'obéissance passive n'est plus ce que l'on souhaite.
C). le patron ne se considère plus comme indétrônable.
D). le patron ne se considère plus comme infaillible.
E). la règle n'est plus l'exigence de soumission.

Question 62.
À mesure que les femmes ont été reconnues comme des sujets à part entière, à l'égal des hommes, le lien de couple n'a cessé de se redéfinir . Dès les années 30, un nouvel idéal conjugal se dessine alors dans l'imaginaire collectif : au plus loin d'un statut garanti, d'un statu quo , les couples contemporains rêvent désormais de construire leur lien comme une histoire et un dialogue se poursuivant au sein même de la famille au lieu de s'abolir dans la parentalité.
A). Au mariage de raison a succédé l'union libre.
B). À "sois belle et tais-toi !" a succédé "je t'aime! - Moi, non plus !"
C). À "ils se marièrent et eurent beaucoup d'enfants" a succédé "ils se marièrent, et se remarièrent, et se remarièrent ... ensemble."
D). Dans les engagements conjugaux comme dans les entreprises, le CDI a cédé la place aux CDD.
E). Au "mariage où l'on se case" a succédé le "mariage où l'on se cause".

Question 63.
Lorsque le médecin ne comprend plus, ne sait plus quoi faire, est à bout de ses ressources thérapeutiques "normales", il peut placer ses espoirs de guérir son patient en lui prescrivant un produit placebo, dont il peut espérer le succès sans être capable de l'expliquer.
A). un médicament pharmacologiquement neutre, donné pour plaire et pour apaiser le patient.
B). une médecine donnée au malade pour lui plaire, non pour le guérir.
C). une sorte de médicament sans principe pharmacologique propre, mais pouvant avoir un effet psychologique favorable.
D). un produit extérieurement semblable aux meilleurs médicaments, mais dépourvu de principe actif.
E). un faux médicament pour guérir les faux malades.

Question 64.
Dans la vente comme dans le voisinage ou la communication, la répétition de pratiques ou de comportements aboutit à la constitution de règles coutumières qui s'imposent aux particuliers.
A). Le droit est constitué par l'ensemble des règles qui régissent ordinairement les rapports entre les hommes dans leurs actions comme dans la jouissance de leurs biens.
B). Pour la plupart des particuliers, la crainte du gendarme est le commencement de la sagesse.
C). Une règle n'est pas juridique parce qu'elle est sanctionnée : elle est sanctionnée parce qu'elle est juridique.
D). Par l'effet du temps, le fait se mue en droit.
E). D'habitude, on considère que nul n'est censé ignorer la loi.

Question 65.

Dans la presse, nombreux sont les articles qui évoquent la violence actuelle (dans les lycées, les banlieues, etc.) avec le plus souvent des images aseptisées, propres à façonner un monde rassurant. Lorsqu' a été publiée la photo du préfet Érignac, gisant dans une rue d'Ajaccio, assassiné par balles le 6 février 1998, la famille proche, choquée par la publication de cette image, a saisi la justice et elle a obtenu gain de cause. Il ne faut toutefois pas oublier que regarder de tels documents permet de prendre la mesure de l'événement.

A). Voir les effets de la violence dissuade de commettre des violences.

B). Voir les effets de la violence incite à commettre des violences.

C). Montrer la violence, c'est faire le jeu des terroristes et autres malfaiteurs.

D). À force de rejeter les images, ce sont les faits qui risquent d'être niés.

E). Ce sont des voyeurs qui accusent les photographes d'être des charognards.

Correction linguistique

Consigne de 66 à 70 : Indiquez la formulation la plus correcte et la plus claire pour exprimer le sens du passage souligné.
Le choix A reprend la formulation initiale.

Question 66.

Note de service : Le service "Informatique" se permet de vous rappeler qu'il est absolument interdit d'utiliser des logiciels provenants d'Internet, quelque soit les contenus.

A). Le service "Informatique" se permet de vous rappeler qu'il est absolument interdit d'utiliser des logiciels provenants d'Internet, quelque soit les contenus.

B). Le service "Informatique" se permet de vous rappeller qu'il est absolument interdit d'utiliser des logiciels provenants d'Internet, quelques soient les contenus.

C). Le service "Informatique" se permet de vous rappeler qu'il est absolument interdit d'utiliser des logiciels provenant d'Internet, quelques soient les contenus.

D). Le service "Informatique" se permet de vous rappeller qu'il est absolument interdit d'utiliser des logiciels provenants d'Internet, quels que soient les contenus.

E). Le service "Informatique" se permet de vous rappeler qu'il est absolument interdit d'utiliser des logiciels provenant d'Internet, quels que soient les contenus.

Question 67.

La franchise permet de créer son propre commerce en bénéficiant d'un savoir-faire déjà bien rodé. Bien sûr, elle implique un contrôle plus ou moins lourd de l'activité du franchisé par le franchiseur. Néanmoins, celui-là peut conserver ses domaines réservés : déterminer ses horaires d'ouverture ou fixer ses prix de vente. L'ingérence du franchiseur dans la gestion quotidienne ne doit pas transformer la franchise en un salariat déguisé.

A). Néanmoins, celui-là peut conserver ses domaines réservés : déterminer ses horaires d'ouverture ou fixer ses prix de vente. L'ingérence du franchiseur dans la gestion quotidienne ne doit pas transformer la franchise en un salariat déguisé.

B). Pourtant, celui-là peut conserver ces domaines réservés : déterminer ces horaires d'ouverture ou fixer ces prix de vente. L'ingérence du franchiseur dans la gestion quotidienne ne doit pas transformer la franchise en un salariat déguisé.

C). Cependant, celui-ci peut conserver ces domaines réservés, par exemple déterminer ces horaires d'ouverture ou fixer ces prix de vente. L'ingérance du franchiseur dans la gestion quotidienne ne doit pas transformer la franchise en un salariat déguisé.

D). Celui-ci peut, quand même, conserver ses domaines réservés, par exemple déterminer ses horaires d'ouverture ou fixer ses prix de vente. L'ingérence du franchiseur dans la gestion quotidienne ne doit pas transformer la franchise en un salariat déguisé.

E). Tout de même, ce dernier peut conserver ses domaines réservés, comme déterminer ses horaires d'ouverture ou fixer ses prix de vente. L'ingérence du franchiseur dans la gestion quotidienne ne doit pas transformer la franchise en un salariat déguisé.

Question 68.

Plus le taux de syndicalisation baisse en France, plus les grèves se limitent aux entreprises du secteur public (SNCF,EDF,RATP,etc.) et plus les gens ne supportent pas d'être pris en otages et traités en usagers anonymes alors que par ailleurs ces mêmes entreprises proclament leur intention de les traiter en clients.

A). plus les gens ne supportent pas d'être pris en otages et traités en usagers anonymes alors que par ailleurs ces mêmes entreprises proclament leur intention de les traiter en clients

B). plus les gens ne supportent pas d'être pris en otages et traités en usagés anonymes alors que par ailleurs ces mêmes entreprises proclament leur intention de les traiter en clients

C). plus les gens supportent moins d'être pris en otage et traités en usager anonyme alors que par ailleurs ces mêmes entreprises proclament leur intention de les traiter en client

D). moins les gens supportent d'être pris en otages et traités en usagers anonymes alors que par ailleurs ces mêmes entreprises proclament leur intention de les traiter en clients

E). moins les gens ne supportent pas d'être pris en otages et traités en usagers anonymes alors que par ailleurs ces mêmes entreprises proclament leur intention de les traiter en clients

Les questions 69 et 70 constituent un texte suivi.

Question 69.

Offre d'abonnement : <u>La revue *Entreprises et Humanisme* est éditée chaque mois et je ne doute pas de l'intérêt que vous porterez à cette publication qui répond dans la forme et dans le fond aux exigences qui sont les vôtres.</u>

A). La revue *Entreprises et Humanisme* est éditée chaque mois et je ne doute pas de l'intérêt que vous porterez à cette publication qui répond dans la forme et dans le fond aux exigences qui sont les vôtres.

B). La revue *Entreprises et Humanisme* est éditée chaque mois et je ne doute pas de l'intérêt que vous porterez à cette publication qui répond dans la forme et dans le fonds aux exigences qui sont les vôtres.

C). La revue *Entreprises et Humanisme* est éditée chaque mois et je ne doute pas de l'intérêt que vous porterez à cette publication qui répond dans la forme et dans le fonds aux exigences que sont les vôtres.

D). La revue *Entreprises et Humanisme* est éditée chaques mois et je ne doute pas de l'intérêt que vous porterez à cette publication qui répond dans la forme et dans le fond aux exigences que sont les vôtres.

E). La revue *Entreprises et Humanisme* est éditée chaque mois et je ne doute pas de l'intérêt que vous portiez à cette publication qui répond dans la forme et dans le fond aux exigences qui sont les vôtres.

Question 70.

<u>Il m'est agréable de vous annoncer qu'en vous abonnant à *Entreprises et Humanisme* , un numéro spécial sur "le Savoir" vous sera adressé gracieusement.</u>

A). Il m'est agréable de vous annoncer qu'en vous abonnant à *Entreprises et Humanisme* , un numéro spécial sur "le Savoir" vous sera adressé gracieusement.

B). Il m'est agréable de vous annoncez qu'en vous abonnant à *Entreprises et Humanisme* , un numéro spécial sur "le Savoir" vous sera adressé gracieusement.

C). Il m'est agréable de vous annoncer qu'en s'abonnant à *Entreprises et Humanisme* , un numéro spécial sur "le Savoir" sera adressé gracieusement.

D). Il m'est agréable de vous annoncez que, au cas où vous vous abonneriez à *Entreprises et Humanisme* , un numéro spécial sur "le Savoir" vous serait adressé gracieusement.

E). Il m'est agréable de vous annoncer que, si vous vous abonnez à *Entreprises et Humanisme* , un numéro spécial sur "le Savoir" vous sera adressé gracieusement.

Cohérence
Consigne de 71 à 75 : Complétez avec la suite la plus cohérente.

Question 71.

L'examen des radiographies prises lors de l'incorporation de jeunes recrues ou de visites médicales d'embauche montre que les anomalies de la colonne vertébrale sont aussi fréquentes chez les personnes qui ont mal au dos que chez celles qui n'ont aucun symptôme. Ce qui montre à l'évidence que ...

A). le mal de dos est une maladie de vieux.
B). plus on est jeune, mieux on encaisse la douleur.
C). les anomalies souvent incriminées ne sont généralement pas à l'origine des douleurs.
D). savoir bien lire les radiographies n'est pas à la portée de tout le monde.
E). les humains doivent se résigner d'avoir un jour ou l'autre mal au dos.

Question 72.
Selon les experts, cultiver sa créativité suppose l'aptitude à fonctionner par analogie, autrement dit être capable, pour résoudre un problème, de le transposer dans un tout autre domaine. C'est ainsi que dans leurs stages, les formateurs EDF-GDF, pour revoir totalement l' organisation du relevé des compteurs, ont imaginé qu'il fallait ..
....
A). comparer la disposition des compteurs sur les tableaux de bord des différentes marques de voitures.
B). envoyer leurs stagiaires vendre des cacahuètes sur une plage.
C). organiser les filatures d'un détective privé en quête de constats d'adultère.
D). réaliser une tournée de vaccinations dans un pays en voie de développement.
E). envisager un monde qui serait privé de gaz et d'électricité.

Question 73
Dans votre entreprise où vous occupez maintenant un poste de responsabilité, vous aimez bien ce vieil ouvrier avec lequel vous avez fait vos premiers pas? Vous vous sentez psychologiquement proche du jeune cadre dynamique qui vient d'entrer dans la "boîte" ? Mais quelle attitude adopteriez-vous s'ils venaient à commettre une première erreur, puis une seconde, puis d'autres ? Conserveraient-ils votre affection ? Comprendraient-ils votre revirement ? Pour éviter les conflits et sauvegarder la liberté psychologique de vos subordonnés, efforcez-vous de .....
A). de susciter leur crainte et leur soumission.
B). de développer auprès d'eux votre charisme personnel.
C). d'avaler des couleuvres, sans broncher.
D). de ne pas vous laisser manipuler.
E). de ne pas partager avec eux vos états d'âme.

Question 74
Dans l'histoire de la langue, les mots sont comme des hôtels qui hébergent le moins de locataires possible. Seuls de vieux mots prestigieux sont suffisamment grands pour loger plusieurs familles sans expulser pour autant les premiers arrivants. C'est ainsi que ...
A). Le vieux *cinématographe* était si grand qu'il a pu donner successivement naissance au *cinéma* , puis au *ciné*.
B). *Micro* était déjà le diminutif de *microphone* , bien avant de devenir celui de *micro-ordinateur*.
C). *Nourrice* et *tonnelle* étaient de bons vieux mots français, passés en Angleterre avant de nous revenir sous la forme de *nurse* et *tunnel*.

D). *Nestlé* a vu sa descendance s'étoffer avec l'apparition des nouveaux produits de la gamme : *Nescafé* , *Nestea* , *Nesquick* , etc.

E). Le *carrossier* qui s'occupait des *carrosses* a ensuite appliqué sa compétence aux *automobiles*.

Question 75.

Des policiers français au volant d'une Ford, et ce n'est pas du cinéma américain ! À la suite d'un appel d'offres réalisé en conformité aux règles européennes, Renault et PSA ont perdu en 1999 l'exclusivité du marché des véhicules de services publics (camions de pompiers, fourgon de police, etc.). La filiale française de la société américaine va contribuer pour près de la moitié de ce marché.

"Nous n'étions pas très bons dans le passé pour gagner des appels d'offres. Nous avons fait de gros efforts", a déclaré la direction de Ford France, qui se garde de ..... .

A). toute modestie

B). toute susceptibilité

C). toute présomption

D). toute complaisance

E). tout triomphalisme

SOUS-TEST 6 : LOGIQUE

Durée : 20 minutes
15 questions

Consignes

Les **huit premières questions** sont des problèmes d'intersection de deux séries. Chaque question contient deux séries, une série est présentée horizontalement et l'autre verticalement. Elles sont constituées de groupes de lettres ou de chiffres. Il s'agit pour vous de choisir parmi les cinq réponses qui vous sont proposées, le groupe de lettres ou de chiffres qui pourrait aussi bien appartenir à la série présentée horizontalement qu'à la série présentée verticalement et ainsi occuper la **place du point d'interrogation**.

Les **sept dernières questions** sont des problèmes de séries portant sur des données de nature spatiale. Chacune des séries est constituée de trois cases comprenant des graphiques suivies d'une case contenant un point d'interrogation. Les trois premières cases doivent vous permettre d'inférer le contenu de la case qui devrait occuper la **place du point d'interrogation**. La question porte donc sur le point d'interrogation et vous devez choisir votre réponse parmi les cinq propositions de réponses qui vous sont faites.

Barème d'évaluation

Réponse exacte :	+ 4 points
Réponse inexacte :	- 1 point
Absence de réponse ou réponse multiple :	0 point

La note finale de cette épreuve sera comprise entre - 15 et + 60.

L'utilisation de la calculatrice n'est pas autorisée

Question 76

		72		
		94		
		50		
56	29	?	74	65
		61		

(A) 95   (B) 74   (C) 83   (D) 21   (E) 48

Question 77

		E E H		
		K Z N		
		T D W		
G S B	F R M	?	A P A	J O C
		Q B T		

(A) R Q U   (B) P O S   (C) J S X   (D) T Z L   (E) A Q T

Question 78

		162		
77	154	?	105	133
		126		
		99		
		81		

(A) 135   (B) 64   (C) 91   (D) 114   (E) 63

Question 79

		H G Z		
		V U B		
		L K T		
		E D O		
Y C B	N L K	?	D Y X	Q U T

(A) T A Q   (B) P O N   (C) G X L   (D) Q V U   (E) L K C

Question 80

100	?	169	49	121
	343			
	125			
	1			
	27			
	216			

(A) 741   (B) 512   (C) 49   (D) 64   (E) 81

Question 81

	K M			
	J T			
	I R			
	H E			
A M	?	U O	E P	I Q

(A) G N   (B) O S   (C) U N   (D) H Z   (E) V Q

Question 82

			186	
			217	
81632	3612	71428	?	61224
			124	
			62	

(A) 4816   (B) 47852   (C) 159   (D) 93   (E) 248

Question 83

		H Z Q		
		W A X		
		I Y A		
E O V	D F W	?	A T Z	B G Y
		T X H		

(A) I D P   (B) K B E   (C) C B X   (D) G Q N   (E) F C U

Question 84

Question 85

Question 86

Question 87

Question 88

Question 89

Question 90

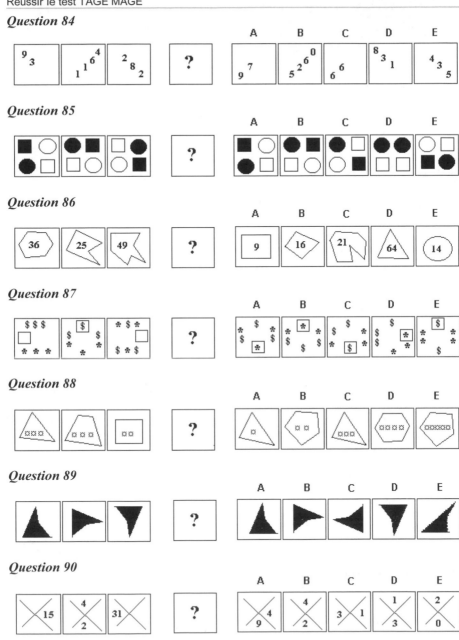

FIN du test TAGE MAGE n°1

Test **TAGE MAGE** n°2

SOUS-TEST 1 : Compréhension d'un texte écrit

Durée : 20 minutes
15 questions

Consignes

Cette épreuve comporte deux textes numérotés 1 et 2. Chacun de ces textes est suivi d'une série de questions. Chaque question vous présente <u>cinq</u> propositions qui peuvent porter sur différents niveaux de lecture :
- Informations "isolées" contenues dans le texte ;
- Idées principales, traitées dans un ou plusieurs paragraphes ;
- Position de l'auteur telle qu'elle se reflète dans le texte, etc.

Parmi les cinq propositions présentées dans le cadre de chaque question, certaines sont en contradiction flagrante avec le texte ; d'autres abordent des aspects qui n'y sont pas traités ; d'autres encore se rapprochent <u>plus ou moins</u> de ce qui est exprimé - directement ou indirectement - dans ce même texte.

La seule proposition considérée comme exacte est celle <u>qui se rapproche le plus</u> de ce qui est dit dans le texte. Les quatre autres propositions sont considérées comme fausses.

Barème d'évaluation

Réponse exacte :	+ 4 points
Réponse inexacte :	- 1 point
Absence de réponse ou réponse multiple :	0 point

La note finale de cette épreuve sera comprise entre - 15 et + 60.

L'utilisation de la calculatrice n'est pas autorisée

Si le dopage est partout, il n'a de sens juridique et il n'est criminalisé que dans le cadre de l'activité sportive. Deux raisons l'expliquent : d'une part, le dopage fausse le résultat en altérant le critère de la mesure des uns par rapport aux autres, ce qui est contraire à l'éthique sportive ; d'autre part, l'usage de tels produits nuit gravement à la santé en repoussant le seuil de la douleur et de la fatigue, contrevenant ainsi à l'éthique médicale.

Si le dopage a toujours existé, les jeux olympiques de Mexico en 1968 ont notablement amplifié ce phénomène. En effet, les athlètes ont été confrontés aux difficultés causées par l'altitude et la chaleur. Dans cette perspective, une relation entre le sport et la science a été mise en mouvement, pour le meilleur et pour le pire : stéroïdes anabolisants (années 1970), testostérone (années 1980), EPO (années 1990) ... Prochainement, la pharmacologie offrira d'autres pistes en agissant notamment sur la carte génétique humaine.

Mais où commence le dopage ? En fait, il n'y a pas consensus sur sa définition. Pour sa part, le Comité international olympique (C.I.O.) a établi une liste de quelque 900 produits considérés comme dopants, et donc proscrits. Cependant, l'usage d'anesthésiques locaux est toléré afin de permettre à l'athlète de poursuivre la compétition. De même, la créatinine, qui augmente la masse musculaire, ne figure pas sur la liste des substances interdites par le C.I.O. Pourtant, dans les deux cas, il y aura eu une forme de dopage si l'on considère que celui-ci consiste en toute prise de produit de nature à pousser l'organisme à des niveaux de performance qu'il n'aurait pas pu atteindre naturellement.

A l'opposé de cette approche, plusieurs dirigeants sportifs et médecins entendent réduire l'aire du dopage, à l'instar de ce professeur de médecine affirmant récemment que le sport de très haut niveau est invalidant et que dès l'instant où l'individu a accepté le facteur risque qui peut en découler, on doit admettre le dopage si ce dernier est administré par des gens compétents. Un autre médecin va plus loin encore en déclarant que du strict point de vue médical, le dopage, tel qu'il est mis en œuvre aujourd'hui, améliore la santé des champions au lieu de leur nuire.

Ces tentatives de libéraliser le dopage amènent plusieurs remarques. Elles reflètent une conception productiviste du sport : l'être humain est réduit à la rationalité d'une machine à battre des records. Elles banalisent l'usage des agents dopants, en occultant les effets des surconsommations et leur conséquences à terme sur la santé. Elles posent également, sans le résoudre, le problème de l'unité du sport et de la limite du sport de haut niveau, en deçà de laquelle le dopage serait interdit.

Question 1. Quels nouveaux agents dopants sont, selon le texte, actuellement en préparation ?
A) Des produits basés sur la connaissance du génome humain.
B) Des substances permettant de masquer l'absorption des produits dopants existants.
C) Des molécules non détectables par les techniques actuelles de contrôle anti-dopage.
D) Des produits à absorber plusieurs mois avant les compétitions, et qui disparaissent ensuite sans laisser de traces.
E) Des cocktails de produits autorisés, dont la combinaison génère un effet dopant.

Question 2. Quel est, sur le fond, le point de vue global de l'auteur du texte sur le dopage ?

A) Il reste prisonnier du dilemme entre éthique sportive et éthique médicale. Il refuse de privilégier l'une par rapport à l'autre.

B) Il condamne sans appel la libéralisation du dopage et préconise de revenir aux sources historiques du sport.

C) Il est urgent à ses yeux de poursuivre le débat afin de trouver une troisième voie qui réussisse à concilier les positions actuellement antagonistes.

D) Il adopte une attitude de stricte neutralité, sans se permettre le moindre commentaire.

E) Il est plutôt contre la libéralisation du dopage, par respect du sport et pour préserver la santé des athlètes.

Question 3. De nombreux avis médicaux ont été émis à propos du dopage. Lequel n'est pas mentionné par le texte ?

A) Le dopage, tel qu'il est pratiqué aujourd'hui, est bénéfique pour la santé des champions

B) Le dopage atténue les effets de la douleur.

C) Le dopage permettra, au fil des générations, d'améliorer progressivement la carte génétique de l'être humain.

D) Le dopage repousse les limites de la fatigue.

E) Le dopage est admissible pour certaines catégories de sportifs, à condition de contrôler strictement son administration.

Question 4. Lequel de ces résumés est le plus fidèle au texte ?

A) Le dopage est certes un fait social, mais c'est surtout un danger au niveau du sport de haute compétition. Cette pratique a été grandement facilitée par les progrès de la science, mais elle résulte aussi d'un manque de vigilance au niveau de l'éthique médicale et sportive. C'est la raison pour laquelle elle est aujourd'hui criminalisée. Le dopage doit-il être interdit, ou autorisé sous strict contrôle médical ? Aucune de ces solutions étant optimale, il est urgent d'attendre.

B) Le dopage est partout dans la société, entre autres dans le sport, où il a toujours existé, mais s'est pourtant beaucoup amplifié depuis une trentaine d'années. A son propos, deux points de vue s'affrontent : le point de vue restrictif, qui prévaut aujourd'hui, et qui interdit certains produits ; le point de vue libéral, qui va s'imposer à terme, et qui veut autoriser le dopage en l'encadrant par des professionnels qualifiés.

C) Au niveau du sport, et particulièrement du sport de très haut niveau, le dopage est un fléau qui a pris une ampleur considérable à partir des Jeux olympiques de Mexico, grâce aux progrès remarquables de la science. L'interdiction des produits dopants est certes imparfaite, mais elle a le mérite d'exister et d'endiguer le phénomène. La libéralisation du dopage est, quant à elle, irresponsable et contraire aux principes les plus élémentaires .

D) Omniprésent dans la société, le dopage revêt une importance toute particulière au niveau sportif, car il contrevient à la fois à l'éthique sportive et à l'éthique médicale. Les spécialistes n'arrivent pas à s'accorder sur une définition du dopage. Au niveau des nécessaires mesures à prendre, certains prônent la stricte interdiction de certains produits ; d'autres se satisfont d'un contrôle rigoureux , par des professionnels, de l'administration des produits existants.

E) Le dopage s'est certes banalisé dans la société, mais il est devenu ces dernières années franchement préoccupant à tous les niveaux du sport de compétition, à la suite des progrès considérables de la pharmacopée. Il est impossible de trancher dans le débat qui oppose les tenants de l'interdiction de certains produits intitulés plus ou moins arbitrairement << dopants >> et les défenseurs d'une autorisation de tous les produits, sous le contrôle de prétendus experts.

Question 5. A défaut d'une définition unique du dopage, acceptée par tous, le texte mentionne-t-il une zone d'accord implicite, une sorte de dénominateur commun entre les points de vue en présence ?

A) Non, car il y a une opposition totale et irréductible entre éthique sportive et éthique médicale.

B) Non, car ce n'est pas l'intention déclarée de l'auteur de chercher à concilier les points de vue divergents sur le dopage.

C) Oui, le sport de très haut niveau relève de l'exception et doit se donner des règles spécifiques.

D) Non, les positions de la réglementation et du libéralisme en matière de dopage sont irréconciliables.

E) Oui, en dernière analyse, c'est au sportif lui-même de faire la part des choses, après avoir été complètement informé.

Question 6. Quels sont les risques de dérive d'une libéralisation des produits dopants ?

    1. L'éthique médicale disparaît derrière l'éthique sportive.

    2. Il n'est plus possible de garder une âme saine dans un corps malsain.

    3. Le sport devient l'otage des intérêts politiques et économiques.

A) 1+2+3

B) 1+3

C) Uniquement 1

D) Uniquement 3

E) Ni 1, ni 2, ni 3.

Question 7. Le dopage a-t-il toujours existé ?

A) Oui, à condition de confondre dans une même définition l'acte isolé et les pratiques généralisées.

B) Oui, mais pendant très longtemps avec des produits inoffensifs.

C) Oui, mais avec une ampleur très variable selon les époques.

D) Oui, mais longtemps sans que les intéressés en ait eu vraiment conscience.

E) Oui, mais à des degrés très variables selon les disciplines sportives.

Question 8. Choisissez le titre qui reflète le plus fidèlement l'orientation générale du texte :

A) Dopage : l'irrésistible libéralisation.
B) Sport et dopage : réglementation ou libéralisation ?
C) Tout le monde se dope… et pourquoi pas les champions ?
D) Sport et dopage : pour une libéralisation sous contrôle médical.
E) Dopage : la fin programmée du sport de haut niveau.

Les restructurations d'entreprises ne sont pas un phénomène nouveau. Depuis trente ans, elles marquent notre quotidien, en France, en Europe et dans tout le monde industrialisé. Elles ont profondément marqué le destin des individus, licenciés ou préretraités, et des territoires, le plus souvent déséquilibrés, voire désertifiés.
Hier on restructurait pour survivre, aujourd'hui on fusionne pour conquérir. Les masses financières en jeu, le nombre des salariés concernés, les ambitions affichées, les dividendes escomptés, tout prend une dimension inégalée. Que préfigurent de telles opérations pour les consommateurs comme pour les salariés, pour nos villes, nos régions, notre art de vivre ? Nous ne le savons pas. Il est temps alors de réagir. Il faut que nos sociétés puissent aujourd'hui se saisir de tout le processus et de toutes les conséquences sociales des fusions et des restructurations. Or, elles ne le peuvent pas, car le volet social est envoyé au jeu interne de chaque entreprise concernée. In fine, c'est aux collectivités locales ou nationales d'en payer le prix et d'en réparer, si possible, les dégâts. Le gâchis et les coûts –humains en premier lieu- rendent cette attitude intenable.
Face à un phénomène global, la réponse ne peut plus se contenter d'être locale. Pourquoi alors ne pas créer, à l'instar de ce qui existe pour les règles du jeu de la concurrence, une autorité européenne chargée des règles du jeu social et qui devrait faire respecter un certain nombre d'exigences sociales essentielles en terme de consultation, de reconversion des individus et des collectivités concernées ? une telle instance pourrait avoir une composition tripartite, patronat-syndicats-pouvoirs publics. Dotée d'un pouvoir de recommandation et de décision, ses conclusions seraient publiées et contestées devant la Cour de justice des Communautés européennes.
Une telle proposition se heurtera, nous le devinons, à de multiples objections : une régulation de type politique entraverait le fonctionnement du marché ; en matière de fusion, les conséquences sociales seraient peu prévisibles ; un tel processus serait incompatible avec la rapidité requise par les fusions ou les restructurations… Tous ces arguments sont facilement réfutables. Rien n'empêcherait d'ailleurs qu'un tel examen par l'instance européenne à créer se mène en parallèle à celui des autorités chargées de la concurrence. De plus, un surcroît –raisonnable– de temps en amont peut éviter bien des déboires, des conflits et des pertes de temps en aval.
Bref, la nouvelle économie nous oblige à repenser des règles faites pour un monde qui a largement disparu. Une autorité européenne préfigurerait la construction d'un nouvel ordre social. Elle permettrait aux citoyens européens de s'exprimer et de peser sur des décisions dont ils se méfient et contre lesquelles, souvent avec raison, ils se rebellent.

Question 9. Qui – ou quoi – est au centre des préoccupations de l'auteur tout au long du texte ?
A) Les organes constitutifs de l'Union européenne.
B) Ceux et celles qui constituent les forces vives de l'U.E.
C) Les consommateurs européens.
D) Les représentants des salariés dans les Etats membres.
E) Les pouvoirs publics nationaux.

Question 10. Voici cinq affirmations concernant l'autorité européenne préconisée par l'auteur ; une seule est fausse, ou non abordée par le texte. Identifiez-la.
A) Les parties concernées par son action pourront faire appel.
B) Elle réunira trois catégories de représentants.
C) Elle sera rattachée à l'Office européen chargé de la concurrence.
D) Elle aura un rôle à la fois consultatif et décisionnel.
E) Ses conclusions seront rendues publiques .

Question 11. Quels arguments plaident pour la création de cette autorité européenne ?
1. Une réglementation de type politique entrave le fonctionnement du marché.
2. Le renforcement de la dimension sociale renforcera la légitimité de l'Union aux yeux de ses citoyens.
3. En matière de fusion, les conséquences sociales sont tout à fait imprévisibles.

A) 1+2+3
B) Uniquement 2
C) Uniquement 3
D) Ni 1, ni 2, ni 3
E) 2+3

Question 12. Comment se comportent les citoyens européens face aux fusions ?
A) Ils se taisent et ils se résignent, par la force des choses.
B) Ils sont à bout de patience et boycottent l'Union européenne.
C) Ils agissent auprès de la Cour européenne de justice.
D) Ils militent pour une réglementation globale et des actions locales.
E) Ils se méfient et réagissent fréquemment avec violence.

Question 13. Que préfigure, selon le texte, la vague actuelle de fusions ?
A) Des avantages certains pour les consommateurs.
B) De très probables catastrophes sur le plan humain.
C) De plus en plus de licenciés et de préretraités.
D) En fait, nous l'ignorons.
E) Des territoires spécialisés et diversifiés.

Question 14. Pourquoi y a-t-il des fusions ou des restructurations et depuis quand ?

A) Depuis les années 70, soit pour éviter de disparaître, soit pour se développer.
B) Depuis toujours, par souci soit de bonne gestion, soit de marketing efficace.
C) Depuis 45 ans, soit par souci de modernité, soit pour induire le changement.
D) Depuis peu, soit pour répondre à la mondialisation, soit pour stimuler l'échelon local.
E) Depuis les années 50, soit pour augmenter la productivité, soit pour doper les ventes.

Question 15. Comment sont traités les aspects sociaux dans le cadre des fusions ?
    1 Ils sont traités entreprise par entreprise, au niveau local.
    2 Ils sont négociés entre les partenaires sociaux.
    3 Ils sont négociés entre les entreprises et l'Etat.
A) 1+3
B) Ni 1, ni 2, ni 3.
C) Uniquement 3.
D) Uniquement 1.
E) 2+3.

SOUS-TEST 2 : Calcul

Durée : 20 minutes
15 questions

Consignes

Cette épreuve est constituée de 15 questions pour lesquelles vous disposez de 20 minutes.

Barème d'évaluation

Réponse exacte :	+ 4 points
Réponse inexacte :	- 1 point
Absence de réponse ou réponse multiple :	0 point

La note finale de cette épreuve sera comprise entre - 15 et + 60.

L'utilisation de la calculatrice n'est pas autorisée

Question 16. Paul décide de se rendre dans une ville voisine à pied puis de revenir par la même route. Il parcourt l'aller à 5 km/h et le retour à 3 km/h. Sachant qu'il a mis 7 heures pour faire l'aller-retour, quelle est la distance parcourue par Paul.
A) 25,75 km
B) 26 km
C) 26,25 km
D) 26,50 km
E) 26,75 km

Question 17. Dans une petite ville, la poste assurait la distribution du courrier pour 6000 familles en 1990, à raison de 400 familles pour un facteur. En 2000, le nombre de facteurs avait baissé de 20% et le nombre de familles augmenté de 30% par rapport à 1990. Quel est le pourcentage d'augmentation du nombre de clients par facteur entre 1990 et 2000 ?
A) 25%
B) 37,5%
C) 42,5%
D) 50%
E) 62,5%

Question 18. Peter et Steve ont décidé de s'affronter lors d'une partie de cartes. En début de partie ils disposent chacun strictement de la même somme. Au bout d'une heure de jeu, Peter a gagné 2000€ mais durant la deuxième heure il a perdu les deux tiers de l'argent qu'il possédait au bout d'une heure. Steve possède alors quatre fois plus d'argent que Pierre. De combien d'argent chaque joueur disposait-il en début de partie ?
A) 8000€
B) 9000€
C) 10000€
D) 11000€
E) 12000€

Question 19. Dans un élevage de lapins, la progression du nombre de bêtes est de 25% par an. Fin 1999, l'élevage comprenait 3369 bêtes. En quelle année a-t-il dépassé les 1500 bêtes ?
A) 1996
B) 1997
C) 1994
D) 1995
E) 1993

Question 20. Un couple fait des achats. Le mari achète un costume et un logiciel pour un total de 1500€. La femme achète un chapeau et une robe. Le chapeau a coûté le même prix que le costume et le logiciel a coûté 100€ de plus que la robe. Combien la femme a-t-elle dépensé ?
A) 2900€
B) 1400€
C) 1900€
D) 2200€
E) 1200€

Question 21. Deux terrains sont de forme carrée. Leurs surfaces diffèrent de 75m^2 et la somme de leur périmètre est égale à 100m. Quelle est la surface du terrain le plus grand ?
A) 121m^2
B) 144m^2
C) 189m^2
D) 196m^2
E) 205m^2

Question 22. Quelle est la longueur d'un hangar si la différence entre les 4/5 et les 3/4 de la longueur est égale à 12 mètres ?

A) 180 mètres
B) 192 mètres
C) 240 mètres
D) 256 mètres
E) 277 mètres

Question 23. Lors de l'introduction en bourse de deux entreprises, les prix de lancement de leurs actions différaient de 6€. En un an, l'action la plus élevée a progressé de 36% et l'action la plus basse de 40%. Malgré tout pour un actionnaire le gain est identique pour les deux actions. Quelle est la valeur de l'action la plus basse un an après l'introduction en bourse ?
A) 75,6€
B) 21,8€
C) 82,8€
D) 56,4€
E) 39,5€

Question 24. Jean a fait en bicyclette un aller retour entre la ville A et la ville B. Il est parti à 7h30, le trajet aller a duré 1h50, et le trajet retour a duré le même temps. En B il a fait une pause de 20 minutes. A quelle heure a-t-il été de retour en A ?
A) 10h40
B) 11h10
C) 11h30
D) 11h50
E) 12h

Question 25. Dans une classe de 28 élèves, 14 apprennent l'anglais et 12 apprennent l'allemand. Sachant que 8 élèves apprennent les deux langues, combien parmi les élèves n'apprennent ni l'anglais, ni l'allemand ?
A) 5
B) 8
C) 9
D) 10
E) 12

Question 26. Une bouteille est pleine ; si on en vide le quart, la quantité de liquide restant est de 54cl. Quelle quantité de liquide, en cl, contient-elle lorsqu'elle est remplie au tiers de sa capacité totale ?
A) 18
B) 24
C) 48
D) 60
E) 72

Question 27. Une assemblée est composée exclusivement d'un parti majoritaire A disposant de 320 sièges et d'un parti minoritaire B disposant de 160 sièges. De nouvelles élections ayant eu lieu, le nombre de sièges total étant resté constant, le parti B a maintenant 20 sièges de plus que le parti A.
Quel pourcentage de sièges le parti B a-t-il réalisé ?
A) 34,6
B) 40,06
C) 50,35
D) 52,08
E) 56,5

Question 28. Les élèves d'une classe ont effectué un contrôle de mathématiques. La moyenne des notes a été de 11.
9 élèves ont eu une note supérieure ou égale à 10, et la moyenne des notes de ces élèves a été de 15. La moyenne des notes des autres élèves a été de 8.
Combien la classe comprend-elle d'élèves ?
A) 12
B) 14
C) 16
D) 18
E) 21

Question 29. Deux cyclistes, André et Bernard partent en même temps, dans le même sens, de deux points diamétralement opposés d'une piste circulaire dont la circonférence est de 500m. Ils roulent à vitesse constante.
André roule à 30km/h. Bernard a rattrapé André en 6 minutes. A quelle vitesse, en km/h, Bernard a-t-il roulé ?
A) 32,5
B) 33
C) 33,5
D) 34
E) 35

Question 30. André, Paul et Michel souhaitent acheter un cadeau. André possède le tiers du prix du cadeau, Paul en possède un cinquième, et Michel possède autant qu'André et Paul réunis.
Après l'achat, il leur reste 12€ . Quel est en €uros le prix du cadeau ?
A) 150
B) 180
C) 240
D) 360
E) 480

SOUS-TEST 3 : Raisonnement / Argumentation

Durée : 20 minutes
15 questions

Consignes

Cette épreuve comporte 15 questions constituées chacune d'un paragraphe de quelques lignes et d'une question. Ces questions sont des questions de raisonnement qui ne nécessitent pas une connaissance approfondie de la logique formelle. Il est fortement conseillé aux candidats de lire et de relire très attentivement les paragraphes ainsi que les questions avant que d'y répondre.

Cinq propositions de réponses sont formulées. Une seule est acceptable en fonction du paragraphe et de la question. Certaines traduisent une parenté de formulation aussi il est fortement conseillé, là encore, de lire et de relire très attentivement les cinq propositions de réponses.

Barème d'évaluation

Réponse exacte :   + 4 points
Réponse inexacte :   - 1 point
Absence de réponse ou réponse multiple :   0 point

La note finale de cette épreuve sera comprise entre - 15 et + 60.

L'utilisation de la calculatrice n'est pas autorisée

Question 31. Les cinq pilotes de formule 1 susceptibles de gagner le championnat du monde sont au départ d'un grand prix. Aux essais on a constaté que la Peugeot était plus rapide que la Jordan qui est elle-même plus rapide que la Honda. La Ferrari s'est montrée moins rapide que la Jordan et moins lente que la Mercedes.
Quelle conclusion peut-on tirer ?

A) On connaît la voiture la plus lente mais pas la plus rapide
B) On connaît la voiture la plus rapide mais pas la plus lente
C) On ne connaît ni la voiture la plus rapide ni la voiture la plus lente
D) On connaît les deux voitures qui ont la même vitesse
E) On connaît la voiture la plus lente et la voiture la plus rapide

Question 32. La violence dans les établissements scolaires semble augmenter de façon inquiétante. La cause principale évoquée par les sociologues et les psychologues est la carence éducative que de plus en plus d'enfants subissent dans leur contexte familial. On s'attend pour les dix années à venir à une augmentation du nombre de familles déstructurées qui seront plus ou moins incapables d'assurer l'éducation de leurs enfants.

Parmi ces cinq raisonnements quel est celui qui est utilisé dans cette argumentation ?

A) Les enfants actuels sont moins bien éduqués que ceux d'il y a vingt ans mais nettement mieux que les enfants dans vingt ans.

B) Si je révise mes examens j'ai plus de chance de les réussir. Malheureusement cette année, malgré beaucoup de travail, j'ai échoué lamentablement.

C) La radio annonce que trois spéléologues sont restés coincés dans une grotte par suite de la crue d'une rivière souterraine. Pour les sauver, il faut attendre la baisse du niveau de l'eau. La météo est défavorable et annonce encore une montée des eaux pour le lendemain.

D) Malgré la marée noire, si le nombre de touristes attendus cette année est en baisse, il demeure équivalent au nombre d'il y a deux ans.

E) Cette année la croissance a été nettement supérieure à celle de l'année dernière et l'année prochaine on attend une croissance nettement supérieure à celle de cette année.

Question 33. Le lien entre le taux de croissance d'un pays et son taux de chômage est variable. Certains pays avec des taux de croissance peu élevés mais positifs, voient baisser leur taux de chômage alors que d'autres avec des taux de croissance plus élevés voient leur chômage stagner. D'autres facteurs interviennent. On peut évoquer la pression fiscale, la rigidité des lois sociales ou encore le degré de pénétrabilité de la société aux nouvelles technologies. A cet égard l'introduction massive d'internet dans l'économie semble provoquer la baisse du chômage avec un taux de croissance moyen.

Parmi ces cinq conclusions quelle est la seule qui est exacte selon ce propos ?

A) Le taux de croissance n'a aucun lien avec le taux de chômage.

B) L'introduction de nouvelles technologies est la seule source de création d'emplois.

C) L'arrivée d'internet dans l'économie a détruit le lien traditionnel qui existait entre le taux de croissance et le taux de chômage.

D) Sans croissance le chômage peut baisser.

E) La croissance est nécessaire pour faire baisser le chômage.

Question 34. Depuis quelques années de plus en plus d'entreprises du secteur traditionnel élargissent leur capital en investissant dans les nouvelles technologies. Trois, dans des secteurs très différents, se sont introduites sur le nouveau marché l'année dernière. Elles sont de nationalités différentes. L'entreprise du bâtiment s'est lancée dans le téléphone mobile. L'entreprise sidérurgique a connu la deuxième progression de son capital pour son nouvel investissement. L'entreprise italienne est un groupe de presse. L'entreprise qui s'est lancée dans le commerce sur le net a

connu la première ou la troisième progression de capital. L'entreprise finlandaise a connu la plus forte progression de capital.
Parmi ces cinq propositions quelle est la seule qui est juste ?
A) L'entreprise italienne ne s'est pas lancée dans le commerce sur le net.
B) Le groupe de presse a eu la plus forte progression de capital.
C) L'entreprise qui a eu la plus faible progression de capital est celle qui a investi dans le téléphone mobile.
D) L'entreprise finlandaise est dans le secteur du bâtiment.
E) Le groupe de presse s'est lancé dans la télévision par satellite.

Question 35. Aucun prévisionniste n'avait anticipé voilà de cela trois ans le redémarrage vigoureux de l'économie et la baisse significative du chômage en France. A qui ou à quoi attribué ce changement ? Certains affirment qu'il est lié au changement de majorité et donc de politique. D'autres soulignent qu'il est lié surtout au changement de monnaie car le phénomène est observé dans tous les pays de la zone euro en particulier en Espagne qui est gouvernée par une majorité différente de celle de la France.
Selon cette argumentation quelle est la proposition qui peut être considérée comme la plus probable ?
A) Le changement de majorité en France explique son changement de conjoncture économique.
B) Il est impossible de déterminer la cause de la relance économique française.
C) L'introduction de l'euro est un frein à l'économie européenne.
D) L'Espagne est la preuve que l'introduction de l'euro n'est pas la seule cause de la relance économique européenne.
E) La France aurait connu une baisse du chômage sans changement de majorité.

Question 36. L'intervention de l'OTAN au Kosovo avait aussi pour finalité non proclamée, de provoquer un changement de régime à Belgrade. Force est de constater que plusieurs mois après la fin de l'intervention militaire, le Kosovo est libre mais Belgrade n'a pas changé de régime.
Parmi ces cinq raisonnements quel est celui qui est utilisé dans cette argumentation ?
A) Le soleil est au jour ce que la lune est à la nuit.
B) La présence de l'eau sur une planète provoquerait l'apparition de la vie. Il y a de l'eau sur Titan. La dernière sonde n'a révélé aucune présence de vie.
C) Il existe beaucoup d'exemples que le sport permet à des enfants de milieux très défavorisés une grande réussite sociale. Cette réussite est factice et éphémère.
D) Selon les statistiques actuelles, la population de la France dépassera celle de l'Allemagne d'ici vingt ans et celle de l'Italie dépassera celle de l'Allemagne d'ici trente ans.
E) Pierre est plus performant que Jacques et Jacques n'est pas plus performant que Paul.

Question 37. D'où venons-nous ? Nous sommes des singes. Aussi, la plupart des spécialistes, avec une grande certitude, répondent que nous descendons d'un singe qui s'est redressé. Mais la station debout n'est pas la seule bizarrerie humaine. Nous n'avons pas de fourrure, nous parlons, nous avons un énorme cerveau. Prenons l'absence de fourrure. Il s'agit d'un énorme handicap car notre peau non protégée est particulièrement fragile. Chose étonnante ce n'est pas avec les autres singes que nous partageons cette fragilité mais avec les mammifères marins ! Par ailleurs, dans l'eau la station debout n'est pas un handicap.
Quelle conclusion peut-on tirer ?
A) Nous ne sommes pas des singes.
B) Nous sommes des mammifères marins.
C) Les origines de l'homme sont différentes des autres mammifères.
D) Nous descendons d'un singe aquatique.
E) Toute forme de vie apparaît dans le milieu aquatique.

Question 38. Julie, Barbara, Emilie et Esther ont des métiers différents. Elles sont informaticienne, secrétaire de direction, directrice commerciale et universitaire. Julie et Emilie n'ont jamais touché un ordinateur. Emilie et Barbara n'ont jamais passé leur doctorat et n'ont donc pas pu embrasser la carrière universitaire. Julie et Esther n'aiment pas le commerce. Barbara et Julie auraient aimé devenir secrétaires mais elles n'ont pas trouvé d'emploi dans cette branche.
Laquelle des quatre est universitaire ?
A) Julie
B) Barbara
C) Emilie
D) Esther
E) Il n'est pas possible de répondre.

Question 39. La politique fait rarement bon ménage avec la bonne foi. Un candidat malchanceux à une élection raconte qu'il avait été condamné pour homicide involontaire à la suite d'un accident survenu à un enfant dans un parc à jeu d'une commune dont il était le maire. Il avait du démissionner avant d'être blanchi par le tribunal. La campagne pour reconquérir son siège de maire a été très dure et très basse. Son adversaire a fait circuler des rumeurs mettant en doute son honnêteté.
Parmi ces cinq proverbes quel est celui qui a été utilisé par son adversaire politique pour sa campagne électorale ?
A) Bien mal acquis ne profite jamais.
B) Quand on veut tuer son chien, on dit qu'il a la rage.
C) L'homme est un loup pour l'homme.
D) Qui ne risque rien, n'a rien.
E) Il n'y a pas de fumée sans feu.

Question 40. La justice est-elle affaire de principe ou affaire de contexte ? Récemment dans une revue internationale on relatait l'histoire d'une femme qui, n'ayant pas les moyens de payer un médicament pour soigner son enfant gravement

malade, avait commis un vol à main armée dans une pharmacie sans conséquence physique pour le pharmacien. Le tribunal a décidé de ne pas la condamner.
Parmi ces cinq principes, quel est celui que le tribunal a dû appliquer ?
A) Voler n'a pas à être puni sauf quand il n'y a pas mort d'homme.
B) Il n'existe pas de légitime violence.
C) La justice ne repose sur aucun principe car toutes les situations jugées sont différentes.
D) Tout acte doit être jugé à l'aune de son intention.
E) Sans principe appliqué sans manquement, la justice n'est qu'une parodie.

Question 41. Paul, Pierre et Jacques sont trois anciens élèves d'une grande école de commerce. Ils se rencontrent à un repas de promotion. La conversation tourne autour de leurs revenus qui sont très différents. Ils en arrivent à la conclusion que c'est dans l'agroalimentaire que les revenus sont les plus faibles. Par ailleurs, il apparaît que Jacques n'a pas un revenu inférieur à celui de Paul et que Pierre n'a pas un revenu supérieur à celui de Paul.
Lequel ou lesquels des trois travaille(nt) dans l'agroalimentaire ?
A) Pierre
B) Jacques
C) Paul
D) Il est impossible de le déterminer.
E) Jacques et Paul

Question 42. Peu à peu la démocratie s'impose dans tous les pays du monde. Cette dernière repose sur le principe du suffrage universel. Les représentants de la nation sont élus selon le principe : « tout citoyen a le droit et le devoir d'élire ses représentants ». La loi est celle de la majorité. Récemment, des manifestations ont provoqué la chute de certains ministres qui avaient lancé des réformes impopulaires auprès des fonctionnaires de leur administration. Ces manifestations étaient soutenues et organisées par certains syndicats dont l'existence est un témoin démocratique. Une minorité de français sont syndiqués et ces réformes semblaient recevoir l'approbation d'une majorité de français.
Parmi ces cinq propositions quelle est celle qui pourrait le mieux conclure ce propos ?
A) Dans une vraie démocratie, les syndicats devraient participer à la nomination des ministres.
B) Tout salarié devrait avoir obligation de se syndiquer.
C) Il est antidémocratique que des syndicats puissent peser sur la constitution d'un gouvernement.
D) Les syndicats sont dangereux pour la démocratie.
E) Le suffrage universel est un leurre car l'expression démocratique se fait par d'autres canaux.

Question 43. Beaucoup de personnes pensent que les titres et les diplômes sont les meilleures clés pour ouvrir les portes de la réussite professionnelle. Pour le véritable ambitieux, titres et diplômes sont moins importants que les opportunités qui permettent de réaliser ses ambitions. En conséquence, dans le cercle restreint des gens qui ont réussi, le réseau des connaissances est le bien le plus précieux.

Avec quelle hypothèse l'auteur de ce passage serait-il en accord ?

A) Les titres et les diplômes ne sont pas utiles à la réussite professionnelle.

B) Les gens qui ont réussi ne sont pas comme le commun des mortels.

C) Avoir des connaissances est le bien le plus précieux.

D) Avoir des connaissances parmi les gens qui ont réussi est la meilleure stratégie de réussite.

E) Seules les personnes qui ont réussi connaissent des gens qui ont réussi.

Question 44. Deux conceptions de l'enfant apparaissent dans la littérature. Pour la première, l'enfant est bon et la société peut conserver sa bonté ou le pervertir. Pour la deuxième, l'enfant est naturellement mauvais et d'un bon univers éducatif dépend son bon développement.

Avec quelle proposition, la deuxième conception de l'enfant serait-elle en accord ?

A) La société est toujours bonne.

B) La société peut conserver l'individu dans sa perversité.

C) La société pervertie toujours l'individu.

D) Une bonne éducation peut malgré tout pervertir un enfant.

E) A l'état de nature l'homme peut être bon ou mauvais.

Question 45. Le Général de Gaulle a créé le poste de ministre de la Culture. André Malraux a occupé le premier ce poste ministériel et il a joué un rôle important dans la politique et dans l'image du Général de Gaulle. Quelques années après, le Président Mitterrand a donné ce poste à Jack Lang. Certains considèrent que ce dernier a joué un rôle similaire à celui joué, en son temps, par André Malraux.

Parmi ces cinq argumentations quelle est celle qui est utilisée dans ce propos ?

A) Tous les hommes sont mortels. Socrate est mortel. Socrate est donc un homme.

B) La montagne est à l'hiver ce que la plage est à l'été.

C) Si je suis en forme dimanche je ferais un tennis. Le dimanche j'ai fait un tennis.

D) Paul est plus jeune que Jacques qui est plus âgé que Pierre.

E) Les chiens sont des mammifères et les saumons ne sont pas des mammifères

SOUS-TEST 4 : Conditions minimales

Durée : 20 minutes
15 questions

Consignes

Chacun des 15 problèmes qui suivent comporte une question et deux informations étiquetées (1) et (2). Vous devez décider si ces informations sont suffisantes pour répondre à la question.
Vous cocherez :
A) Si l'information (1) permet **à elle seule** de répondre à la question, et si l'information (2) à elle seule ne permet pas de répondre à la question.
B) Si l'information (2) permet **à elle seule** de répondre à la question, et si l'information (1) à elle seule ne permet pas de répondre à la question.
C) Si les deux informations (1) et (2) **ensemble** permettent de répondre à la question, et aucune séparément ne le peut.
D) Si **chaque** information permet séparément de répondre à la question.
E) Si les deux informations **ensemble** ne permettent pas de répondre à la question.

Barème d'évaluation

Réponse exacte :   + 4 points
Réponse inexacte :   - 1 point
Absence de réponse ou réponse multiple :   0 point

La note finale de cette épreuve sera comprise entre - 15 et + 60.

L'utilisation de la calculatrice n'est pas autorisée

Question 46.
Clotilde a 8 ans actuellement. Quel âge aura sa maman quand elle aura le double de l'âge de Clotilde ?
(1) Quand Clotilde est née, sa maman avait 25 ans.
(2) Actuellement l'addition des âges de Clotilde et de sa maman est de 41 ans.

Question 47.
Sur l'étalage d'un marchand de volailles on peut acheter des poules et des lapins. Combien y a-t-il de lapins ?
(1) Quand on compte les têtes, on en trouve 16.
(2) Quand on compte les pattes, on en trouve 56.

Question 48.
Il est cinq heures du matin. Dans une gare de banlieue les premiers trains pour trois destinations différentes démarrent. A quelle heure, les trois trains pour les trois destinations redémarreront-ils ensemble ?
(1) Pour la première destination, un train démarre toutes les douze minutes.
(2) Pour les deuxième et troisième destinations, l'espacement de temps entre deux trains est un multiple de 12 minutes.

Question 49.
La somme de trois nombres entiers est égale à 108. Quelle est la valeur de chacun de ces nombres ?
(1) Il s'agit de trois nombres consécutifs.
(2) Le nombre le plus grand est premier.

Question 50.
Dans mon porte-monnaie il y a une somme de 46€. Elle est constituée de pièces de 50 et de 20 centimes. Combien ai-je de pièces de 20 centimes dans mon porte-monnaie ?
(1) Les pièces de 50 centimes pèsent 10 grammes.
(2) L'ensemble des pièces pèse 124 grammes.

Question 51.
Le nombre entier x est inférieur à 100. Il comprend deux chiffres. Quelle est la valeur du nombre x ?
(1) C'est un carré.
(2) C'est un multiple de 7.

Question 52.
Trouvez un nombre entier de trois chiffres qui augmente de 270 quand on intervertit l'ordre des deux premiers chiffres à gauche, et qui diminue de 99 quand on intervertit l'ordre des chiffres extrêmes.
(1) La somme des chiffres des centaines et des dizaines est un multiple du chiffre des unités.
(2) La somme des chiffres du nombre est égale à 20.

Question 53.
Le triangle ABC est un triangle rectangle en A ; son périmètre est de 36cm.
Quelle est la longueur du côté BC ?
(1) Le côté AB mesure 9 cm.
(2) Le côté AC mesure 12 cm.

Question 54.
Est-ce que 6x est un entier ?
(1) 2x est un entier
(2) 3x est un entier

Question 55.
Jean est-il invité à la fête de l'école de Paul ?
(1) Jean est un ami de Paul.
(2) Tous les amis de Jacques sont invités à la fête de l'école de Paul.

Question 56.
André a acheté des timbres à 3€, 4,50€ et 6€, pour un total de 78€
Combien a-t-il acheté de timbres à 3€ ?
(1) Le total de la valeur des timbres à 3€ et à 4,50€ est de 60€.
(2) Le total de la valeur des timbres à 6€ et 4,50€ est de 63€.

Question 57.
Les maisons de Bernard et Claude sont-elles distantes de plus de 10km ?
(1) Il y a 4km pour aller de la maison d'André à celle de Bernard par la route.
(2) Il y a 5km pour aller de la maison d'André à celle de Claude par la route.

Question 58.
Dans la classe de Paul, avant les vacances de Pâques, le rapport du nombre de filles au nombre de garçons était de trois cinquièmes. Quel est après les vacances, le pourcentage de filles dans cette classe ?
(1) A la rentrée des vacances, il y a 2 garçons de plus et une fille de moins dans la classe.
(2) Avant les vacances, il y avait 12 filles dans la classe.

Question 59.
Monsieur Martin dispose d'une somme X dont il a placé pendant un an une partie sur un livret d'épargne logement au taux annuel de 6%, et l'autre partie sur un livret de caisse d'épargne au taux de 3,5%.
Monsieur Dupont a placé pendant la même période, la même somme X sur un produit financier au taux annuel de 5%.
Les intérêts obtenus par Monsieur Dupont sont-ils supérieurs à ceux obtenus par Monsieur Martin ?
(1) La somme placée par Monsieur Martin sur son livret d'épargne logement est le triple de celle placée sur son livret de caisse d'épargne.
(2) X=8000€

Question 60.
Xavier est–il plus âgé qu'Yvan ?
(1) Dans 3 ans Xavier aura le même âge que la sœur aînée d'Yvan
(2) La sœur cadette de Xavier a deux ans de moins qu'Yvan

SOUS-TEST 5 : Expression

Durée : 20 minutes
15 questions

Consignes

Cette épreuve comporte différents types d'exercices :
1. Evaluer le degré de synonymie dans les reformulations.
2. Choisir la formulation qui reprend le mieux (correction et clarté) l'énoncé initial.
3. Choisir les mots qui assurent la cohérence du texte.

Attention !
- Soyez rapide.
- Soyez attentif aux consignes de chaque exercice.

Barème d'évaluation

Réponse exacte : + 4 points
Réponse inexacte : - 1 point
Absence de réponse ou réponse multiple : 0 point
La note finale de cette épreuve sera comprise entre - 15 et + 60.

L'utilisation de la calculatrice n'est pas autorisée

Recherche de synonymie
Consigne de 61 à 65 : Choisissez la reformulation dont le sens se rapproche le plus du passage souligné.

Question 61.
Le bilinguisme est la situation de la plupart des habitants qui pratiquent plus ou moins, dans la vie quotidienne, le parler indigène, mais, dans beaucoup d'autres cas, la langue officielle. Ce type de bilinguisme est le plus répandu, et la grande majorité des êtres humains est en ce sens plus ou moins bilingue.
A). Un bilingue, c'est quelqu'un qui a deux langues maternelles.
B). Être bilingue, c'est avoir atteint une compétence équivalente à celle d'un locuteur natif dans deux langues.
C). Est bilingue celui qui est amené régulièrement à utiliser deux langues.
D). Pour les indigènes, parler deux langues est un avantage intellectuel et culturel.
E). Parler deux langues est un handicap, la langue indigène empêchant de maîtriser l'officielle.

Question 62.
Les visiteurs médicaux sont les représentants des firmes pharmaceutiques qui vont présenter aux professionnels de la santé leurs médicaments, nouveaux ou non. À ce propos, *Prescrire*   , organisme d'observation de la visite médicale, note que les visiteurs ont tendance <u>à minimiser les effets indésirables de leurs médicaments, à recommander des posologies excessives, à élargir abusivement les indications thérapeutiques , à ne pas remettre systématiquement aux prescripteurs l'avis de la commission de transparence de l'Agence du médicament (analysant le "service médical rendu") pas plus que les résumés réglementaires des caractéristiques des produits.</u>
A). à abuser la confiance des personnes démarchées.
B). à exagérer les mérites et à cacher les dangers de leurs produits.
C). à vanter abusivement les mérites de leurs produits et à livrer des informations partiales.
D). à occulter des sources d'information rigoureuses et à diffuser des informations peu fiables.
E). à se conduire en marchands de tapis et à jouer la politique de l'autruche.

Question 63.
Depuis les années 70, <u>la notion de ruralité ne recouvre plus seulement une alternative à des modes de vie hypertechniciens et productivistes, elle se démarque de la simple agriculture et la dépasse.</u>
A). Les flux de citadins qui vont maintenant habiter la campagne dépassent ceux des villageois qui gagnent la ville et ses avantages.
B). Les agriculteurs ont amélioré leur productivité et bénéficient d'un niveau de technologie qui est loin d'être inférieur à celui des zones urbaines.
C). De plus en plus, vivre à la campagne permet de se dégager d'une vie urbaine en crise.
D). L'essor des moyens de transport, des réseaux de communication et de l'industrialisation de l'agriculture a favorisé la promotion de la classe paysanne.
E). On peut avoir une vie et un emploi à la campagne sans y travailler la terre, sans souffrir de sous-équipement et en y trouvant encore une meilleure qualité de vie.

Question 64.
<u>Les jeux d'argent séduisent particulièrement les catégories sociales qui végètent à l'intérieur d'un système de hiérarchies liées en principe au mérite.</u>
A). La possibilité de promotion financière et sociale qu'offre le jeu agit puissamment sur ceux qui se trouvent en situation d'échec.
B). Moins on a d'argent, et plus on risque de se retrouver vite ruiné par le jeu , tout en bas de l'échelle sociale.
C). Le jeu agit comme une compensation qui rend supportables certains malaises ou certaines rigidités de l'appareil social.
D). Le jeu peut enrichir les plus pauvres et entraîner des bouleversements dans la hiérarchie sociale.

E). N'étant pas lié au mérite, mais à la chance, le jeu affaiblit le sens de l'effort et affaiblit le bon fonctionnement de la promotion hiérarchique.

Question 65.

Jusqu'en 1975, les hôteliers devaient remettre à l'Administration centrale des fiches de police qu'ils faisaient remplir à leurs clients. Cette obligation a disparu : désormais, dans un hôtel, la carte bancaire identifie le client, l'autocommutateur téléphonique mémorise l'heure des appels et la clé magnétique enregistre le temps de présence dans la chambre.

A). Les progrès de la technologie ont libéré les voyageurs de certaines corvées administratives.

B). Les progrès de la technologie ont simplifié la tâche des hôteliers pour contrôler les allers et venues de leurs clients.

C). L'informatique nous fait vivre dans un État policier.

D). Avec les traces que laisse l'utilisation des nouvelles technologies, les fichiers les plus importants ne sont plus aujourd'hui ceux de l'État.

E). Les nouvelles technologies constituent pour les policiers un excellent moyen d'investigation.

Correction linguistique

Consigne de 66 à 70 : Indiquez la formulation la plus correcte pour exprimer le sens du passage souligné.
Le choix A reprend la formulation initiale..

Question 66.

Dans ce laboratoire pharmaceutique où se pratiquaient des tests sur des "volontaires sains" , la patiente a d'abord ingurgité un médicament, puis l'infirmière l'a fait avaler un tuyau pour observer son estomac.

A). la patiente a d'abord ingurgité un médicament, puis l'infirmière l'a fait avaler un tuyau pour observer son estomac.

B). la patiente a d'abord ingurgité un médicament, puis l'infirmière l'a fait avaler un tuyau pour qu'elle observe son estomac.

C). la patiente a d'abord ingurgité un médicament, puis l'infirmière lui a fait avaler un tuyau pour qu'elle observe son estomac.

D). l'infirmière a fait avaler un tuyau à la patiente pour observer son estomac, après avoir ingurgité un médicament.

E). la patiente a ingurgité un médicament, puis l'infirmière lui a fait avaler un tuyau pour observer son estomac.

Question 67.

La messagerie électronique permet d'envoyer et de recevoir en quelques secondes des messages (texte, dessin, son ou vidéo) depuis des ordinateurs connectés au réseau Internet. Ces envois sont moins chers que les fax ou les courriers traditionnels : le coût correspond au prix de la communication locale quelque que soit la destination.

A). Ces envois sont moins chers que les fax ou les courriers traditionnels : le coût correspond au prix de la communication locale quelque que soit la destination.
B). Ces envois coûtent moins chers que les fax ou les courriers traditionnels : le coût correspond au prix de la communication locale quelque soit la destination.
C). Ces envois sont moins cher que les fax ou les courriers traditionnels : le coût correspond au prix de la communication locale quelle que soit la destination.
D). Ces envois coûtent moins cher que les fax ou les courriers traditionnels : le coût correspond au prix de la communication locale quelle que soit la destination.
E). Ces envois coûtent moins chers que les fax ou les courriers traditionnels : le coût correspond au prix de la communication locale qu'elle que soit la destination.

Question 68.
Pour ce poste, le recrutement est ouvert <u>aux candidats détenteurs du bac ou d'autres diplômes équivalents du bac.</u>
A). aux candidats détenteurs du bac ou d'autres diplômes équivalents du bac.
B). aux candidats détenteurs du bac ou autres diplômes équivalants du bac.
C). aux bacheliers ou autres diplômes équivalant du bac.
D). aux candidats détenteurs du bac ou d'autres diplômes équivalents au bac.
E). aux candidats détenteurs du bac ou autres diplômes équivalents au bac.

Question 69.
Autrefois, la dictée vérifiait la connaissance des raretés et exceptions de la langue française (comme le fait la dictée de Pivot), mais les tests vérifient les régularités de la langue et <u>la majorité des candidats est très heureuse que tout cela est changé.</u>
A). la majorité des candidats est très heureuse que tout cela est changé.
B). la majorité des candidats est très heureuse que tout cela aie changé.
C). la majorité des candidats sont très heureux que tout cela aie changé.
D). la majorité des candidats sont très heureux que tout cela est changé.
E). la majorité des candidats est très heureuse que tout cela ait changé.

Question 70.
<u>Écrire et lire fréquemment nous permettrons sans trop d'efforts de nous perfectionner en compétence verbale.</u>
A). Écrire et lire fréquemment nous permettrons sans trop d'efforts de nous perfectionner en compétence verbale.
B). Écrire et lire fréquemment vont nous permettre sans trop d'efforts de se perfectionner en compétence verbale.
C). La lecture et l'écriture fréquentes nous permettront sans trop d'efforts de nous perfectionner en compétence verbale.
D). La lecture et l'écriture fréquente nous permettront sans trop d'efforts de nous perfectionner en compétence verbale.
E). La pratique fréquente de la lecture et de l'écriture vont nous permettre sans trop d'efforts de se perfectionner en compétence verbale.

Cohérence
Consigne de 71 à 75 : Complétez avec la suite la plus cohérente.

Question 71.
S'il est vrai que des fraudes ont toujours existé dans la recherche scientifique, les cas avérés n'ont cessé de se multiplier à partir des années 70. Plagiats, résultats tronqués ou inventés poussent un nombre croissant d'institutions à mettre en place des systèmes de contrôle et de vigilance.
En physique, très exigeante en termes de données, les cas d'inconduite sont rares. Le terrain s'y prête mieux en biologie ou en médecine, car la reproductibilité des résultats y est plus ....
A). opératoire
B). optimisée
C). aléatoire
D). scrupuleuse
E). finalisée

Question 72.
En France, le terme de "mal bouffe" si vite adopté et popularisé recouvre les inquiétudes des consommateurs face à des aliments dont le contenu leur est devenu plus ou moins secret, qui peuvent avoir subi des transformations industrielles ou contenir des pesticides ou des prions.
Cela renvoie à notre rapport à l'aliment. Le mangeur le perçoit comme le transformant de l'intérieur, c'est "la pensée magique" : je suis ce que je mange. Or si, comme le disent beaucoup de gens, on ne sait plus ce que l'on mange , alors ..... .
A). on va s'empoisonner.
B). on perd son identité .
C). on perd sa culture alimentaire.
D). on perd ses rythmes alimentaires.
E). on va devenir obèse.

Question 73.
Depuis vingt ans, on note une augmentation constante de la fréquentation de la montagne. Mais la montagne tue (accidents, malaises cardiaques, etc.).
L'été dernier, 41 décès d'alpinistes en haute montagne ont été dénombrés contre 46 décès de randonneurs qui évoluaient, eux, en moyenne altitude.
Bien entendu, ceux qui pratiquent la randonnée sont plus importants en nombre. Mais cela démontre néanmoins que ....
A). la montagne nécessite un minimum de préparation.
B). que la randonnée en montagne ne doit pas être prise à la légère.
C). que les alpinistes sont mieux préparés que les randonneurs.
D). que la randonnée demande moins d'entraînement que l'alpinisme.
E). que la randonnée est moins dangereuse que l'alpinisme de haute montagne.

Question 74

Les rares scientifiques français spécialistes des drogues mettent de plus en plus l'accent sur la dangerosité de l'ecstasy, chef de file des drogues de synthèse, qui bénéficie indûment aux yeux de ses consommateurs d'une réputation ... .

A). d'innocuité.

B). de performance.

C). de convivialité.

D). de non-dépendance.

E). de nocivité.

Question 75.

Traditionnellement, on cherchait dans la religion ou la philosophie la réponse aux grandes questions de la destinée humaine . Puis le XXème siècle a été marqué par la domination des sciences de l'homme : psychanalyse, sociologie, ethnologie, anthropologie, etc.. Derrière ce projet, l'idée que les sociétés humaines obéissent à des règles dont les hommes décident moins qu'ils n'en dépendent.

Aujourd'hui, s'il faut savoir ce qu'est l'homme, on le demande aux vraies sciences, celles qui manipulent de la matière dans des laboratoires. Ce matérialisme est bien impuissant à répondre à la quête spirituelle du sens. Les techniques - où nous voyons l'expression de la liberté - offrent tant de possibilités nouvelles, ouvrent tant d'horizons que nous avons besoin de guides, de conseils pour décider, individuellement, de leurs usages. C'est le règne de ....

A). l'informatique.

B). la génétique.

C). l'éthique.

D). la métaphysique.

E). la psychologie.

SOUS-TEST 6 : Logique

Durée : 20 minutes
15 questions

Consignes

Les **huit premières questions** sont des problèmes d'intersection de deux séries. Chaque question contient deux séries, une série est présentée horizontalement et l'autre verticalement. Elles sont constituées de groupes de lettres ou de chiffres. Il s'agit pour vous de choisir parmi les cinq réponses qui vous sont proposées, le groupe de lettres ou de chiffres qui pourrait aussi bien appartenir à la série présentée horizontalement qu'à la série présentée verticalement et ainsi occuper la **place du point d'interrogation**.

Les **sept dernières questions** sont des problèmes de séries portant sur des données de nature spatiale. Chacune des séries est constituée de trois cases comprenant des graphiques suivies d'une case contenant un point d'interrogation. Les trois premières cases doivent vous permettre d'inférer le contenu de la case qui devrait occuper la **place du point d'interrogation**. La question porte donc sur le point d'interrogation et vous devez choisir votre réponse parmi les cinq propositions de réponses qui vous sont faites.

Barème d'évaluation

Réponse exacte :	+ 4 points
Réponse inexacte :	- 1 point
Absence de réponse ou réponse multiple :	0 point

La note finale de cette épreuve sera comprise entre - 15 et + 60.

L'utilisation de la calculatrice n'est pas autorisée

Question 76

				37
				13
				19
				31
45	78	34	89	?

(A) 78   (B) 17   (C) 41   (D) 23   (E) 12

Question 77

	U Y			
	K T			
	S J			
W C	?	A E	F N	D G
	Q N			

(A) U T   (B) D R   (C) Z R   (D) DK   (E) D G

Question 78

		39		
70	16	?	25	61
		26		
		65		
		91		

(A) 52   (B) 78   (C) 81   (D) 43   (E) 46

Question 79

		P X S		
		E I H		
		A K D		
		N R Q		
A D W	Z G K	?	N M O	H P Q

(A) T C P   (B) F J U   (C) B D E   (D) B J S   (E) B J E

Question 80

63	84	21	56	105
			?	
			98	
			35	
			49	

(A) 14　　(B) 79　　(C) 42　　(D) 126　　(E) 54

Question 81
L N L
X Z V
H J T
N P A

?	F K M	O A C	K D F	H R T

(A) K R B　　(B) E G I　　(C) J L D　　(D) F P R　　(E) W Y V

Question 82

848	212	?	424	10510
		416		
		24		
		749		
		525		

(A) 12612　(B) 195　　(C) 636　　(D) 628　　(E) 864

Question 83

ZLP	RMO	F A P	C O P	E P A
		H S N		
		J F L		
		?		
		N Z H		

(A) L N J　　(B) L P Q　　(C) K N J　　(D) YDP　　(E) G Z O

Question 84

Question 85

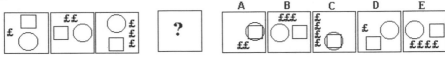

Question 86

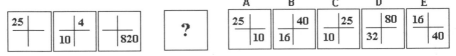

Question 87

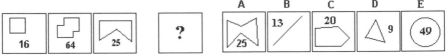

Question 88

Question 89

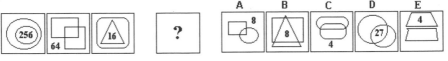

Question 90

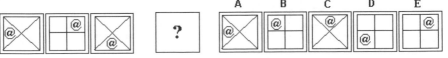

FIN du test TAGE MAGE n°2

Test **TAGE MAGE** n°1

Questions	Réponses	Questions	Réponses	Questions	Réponses
1	D	31	D	61	E
2	B	32	B	62	C
3	E	33	E	63	C
4	B	34	E	64	D
5	A	35	B	65	D
6	C	36	C	66	E
7	D	37	B	67	A
8	E	38	D	68	D
9	C	39	A	69	A
10	A	40	D	70	E
11	B	41	E	71	C
12	E	42	A	72	D
13	D	43	D	73	D
14	B	44	E	74	E
15	E	45	C	75	A
16	A	46	E	76	C
17	C	47	A	77	A
18	E	48	E	78	E
19	C	49	C	79	B
20	B	50	D	80	D
21	D	51	B	81	A
22	A	52	C	82	E
23	C	53	E	83	C
24	B	54	D	84	C
25	E	55	E	85	E
26	A	56	C	86	B
27	D	57	C	87	A
28	B	58	A	88	B
29	E	59	C	89	C
30	C	60	B	90	B

TEST TAGE MAGE N°2

Questions	Réponses	Questions	Réponses	Questions	Réponses
1	A	31	B	61	A
2	E	32	C	62	E
3	C	33	E	63	C
4	D	34	D	64	D
5	B	35	E	65	B
6	E	36	B	66	E
7	C	37	D	67	C
8	B	38	A	68	B
9	B	39	E	69	B
10	C	40	D	70	C
11	B	41	A	71	B
12	E	42	C	72	E
13	D	43	D	73	D
14	A	44	B	74	A
15	D	45	B	75	D
16	C	46	D	76	D
17	E	47	C	77	B
18	C	48	E	78	A
19	A	49	A	79	E
20	B	50	E	80	C
21	D	51	C	81	B
22	C	52	B	82	C
23	A	53	D	83	A
24	C	54	D	84	C
25	D	55	E	85	E
26	B	56	B	86	B
27	D	57	C	87	D
28	E	58	C	88	A
29	A	59	A	89	C
30	B	60	E	90	B

Imprimé en France - JOUVE, 11, bd de Sébastopol, 75001 Paris
N° 452212H - Dépôt légal : Février 2008